구원의 은혜

ALL OF GRACE
by Charles H. Spurgeon

Korean edition ⓒ 1979, 1998, 2006 by Word of Life Press,
Seoul, Korea. All rights reserved.
Printed in Korea.

구원의 은혜 (구제 : 은혜 위에 은혜)

ⓒ 생명의말씀사 1979, 1998, 2006

1979년	1월 30일	1판	1쇄	발행
1997년	6월 25일		15쇄	발행
1998년	9월 20일	2판	1쇄	발행
1998년	11월 30일	3판	1쇄	발행
2003년	1월 25일		4쇄	발행
2006년	2월 5일	4판	1쇄	발행
2025년	6월 19일		11쇄	발행

펴낸이 | 김창영
펴낸곳 | 생명의말씀사

등록 | 1962. 1. 10. No.300-1962-1
주소 | 서울시 종로구 경희궁1길 6 (03176)
전화 | 02)738-6555(본사) · 02)3159-7979(영업)
팩스 | 02)739-3824(본사) · 080-022-8585(영업)

기획편집 | 박미현
디자인 | 서상수, 임수경
인쇄 | 예원프린팅
제본 | 보경문화사

ISBN 89-04-15635-1 (03230)

저작권자의 허락없이 이 책의 일부 또는 전체를
무단 복제, 전재, 발췌하면 저작권법에 의해 처벌을 받습니다.

찰스 스펄전 지음 / 박범룡 옮김

모든 것이 은혜이다

독자에게!

이 책은 당신의 구원을 위한 것이다. 나는 이 책이 많은 사람들을 주 예수께로 인도하지 못한다면 크게 실망할 것이다. 하나님의 능력이신 성령께 어린아이처럼 의지하여 이 책을 출판하며, 성령께서 이 책을 기꺼이 사용하셔서 수많은 사람들을 회심시키시기를 바랄 뿐이다. 비록 작은 책이지만 많은 사람들이 이 책을 읽게 될 것을 의심치 않으며, 그때마다 주님께서 그들을 은혜로 방문하시기를 기도한다. 이러한 목적을 위해 이해하기 쉬운 말을 고르고 일상적인 표현을 사용했다. 그러나 상당한 재산가나 고위직의 사람들이 이 책을 읽는다 해도 성령께서 깊은 감명을 주실 것이다. 교육을 받지 못한 사람도 이해할 수 있도록 썼지만 지식인들도 관심을 기울일 내용이다. 장차 많은 영혼을 구원할 분들이 이 책을 읽게 되기를 바란다.

이 책을 읽고 평강의 길을 찾게 될 사람이 얼마나 많을지 누가 알겠는가? 지금 이 책을 읽고 있는 당신도 그들 중 한 사람이 되지 않겠는가?

어떤 사람이 길 옆에 샘물을 마련하고 그 주변에 사슬로 컵을 매달아 놓았다. 얼마 후 그는 한 미술 비평가가 그 컵의 위치가 적절하지 않다고 지적했다는 이야기를 들었다. 그러나 그는 "많은 목마른 사람들이 그 샘물을 마시지 않았소?" 하고 물었다. 사람들은 그에게 수천 명의 불쌍하고 가난한 사람들이 이 샘물에서 갈증을 풀었다고 이야기했다. 그는 웃으면서, 자신은 비평가의 지적에 개의치 않으며 찌는 듯한 더위에 그 비평가도 그 물을 마시고 기운을 차려 하나님의 이름을 찬양하기를 바랄 뿐이라고 말했다. 여기 샘물이 있다. 컵도 있다. 원한다면 결점을 지적해도 좋다. 그러나 생명의 물만은 꼭 마시라. 나의 관심은 오직 그것뿐이다. 나는 왕후장상을 기쁘게 하다가 그를 회심시키는 일에 실패하기보다는 거리의 청소부나 넝마주이들의 영혼을 구원하는 일을 택할 것이다.

독자여, 이 책을 한 페이지 한 페이지 진심으로 읽겠는가? 그렇다면 우리는 견해를 같이할 수 있을 것이다. 당신이 그리스도와 하늘나라를 발견하는 것이 이 책이 의도하는 바이다. 나의 기도와 함께 이 작은 책을 드린다. 이 책을 읽는 동안 당신도 나와 함께 하나님을 향하여 그분이 축복하여 주시기를 간구하자. 하나님께서 이 책을 통해 당신의 삶에 역사하실 것이다.

당신이 시간을 내어 이 책을 읽고 기꺼이 관심을 갖게 되기를 바란다. 이런 것이 다 은혜 받을 좋은 증거들이다. 정해진 축복의 시간이 당신에게 가까이 다가오고 있는지도 모른다. 성령께서는 "오늘날 너희가 그의 음성을 듣거든…… 너희 마음을 강퍅케 하지 말라"(히 3:7, 8)고 하셨다.

이 책의 목적

다음과 같은 이야기를 들은 일이 있다. 스칸디나비아 지방에서 있었던 일로 생각되는데, 목사 한 분이 어느 가난한 부인을 도와줄 생각으로 약간의 돈을 가지고 그녀의 집으로 갔다. 목사가 여러 번 문을 두드렸지만 아무 대답도 들리지 않았다. 목사는 그 부인이 집에 없는 줄 알고 돌아갔다. 얼마 후 그는 그 부인을 교회에서 만나 부인을 도와주려 했었다고 말했다.

"내가 자매님 집을 찾아가 몇 번이나 문을 두드렸지만 아무 응답이 없기에 집에 안 계신 줄 알고 돌아왔습니다."

부인이 물었다. "목사님, 몇 시쯤 오셨었나요?"

"그때가 정오쯤이었지요......."

"저런, 그때 문 두드리는 소리를 들었지만 집세 받으러 온 사람인 줄 알고 그만......."

여러분은 이 이야기가 무슨 뜻인지 잘 알 것이다. 내 말에 귀 기울이기를 간절히 부탁한다. 집세를 받기 위해 당신을 부르는 것이 아니다. 이 책의 목적은 당신에게 무엇을 달라고 요구하는 것이 아니라 구원이 전적으로 은혜임을 알려 주려는 것이다. 은혜란 값없는 것이고 조건 없는 것이다.

가끔 우리가 애써 주의를 끌려고 하면 청중들은 "아, 또 그 이야기, 하나님께 무엇을 드려야 한다는 말이군. 하지만 나는 드릴 것이 없어. 마음만 불쾌하군"이라고 생각한다. 그러나 그렇지 않다. 이 책의 목적은 당신에게 무엇을 요구하는 데 있는 것이 아니라 무엇을 주고자 하는 데 있다. 우리는 법이나 의무나 형벌이 아닌 사랑, 선, 용서와 자비 그리고 영생에 대해 말하려고 한다. 그러므로 당신은 마음에 부담감을 가질 필요가 없다. 귀를 막거나 무관심하게 보지 말라. 하나님의 이름으로나 사람의 이름으로나 당신에게 아무것도 요구하지 않을 것이다. 당신에게 무엇을 요구하는 것이 결코 아니다. 그보다는 오히려 하나님의 은혜로 값없이 주시는 선물을 주고자 한다. 당신이 그 선물을 받아들이면 즉시 큰 기쁨이 될 것이며 동시에 영원한 기쁨이 될 것이다. 마음 문을 열고 나의 간청을 받아들이라. "오라 우리가 서로 변론하자."

주님께서 친히, 현재적이며 동시에 영원한 행복에 대해 말씀하시기 위해 당신을 초청하신다. 주님은 당신에게 유익한 것이 아니면 하지 않으신다. 주님은 지금 당신의 마음 문을 두드리고 계신다. 주 예수를 거절하지 말라.

당신과 같은 사람들을 위해 주님은 십자가에 못박히신 손으로 문을 두드리신다. 주님의 유일한 목적은 당신의 행복이다. 귀를 기울이고 주님께 나아오라. 열심히 듣고 그 복된 말씀을 영혼 깊은 곳에 새겨두라. 그러면 당신은 천국의 시작인 새 생명으로 들어갈 것이다. 믿음은 들음에서 오는데, 이 책을 읽는 것이 바로 듣는 일이다.

이 책을 읽는 동안 믿음이 당신에게 임할 수 있다. 은혜의 성령께서 그런 역사를 이루실 것이다!

목차

+ 모든 것이 은혜이다 | 4
+ 이 책의 목적 | 8

1. 경건치 아니한 자를 의롭다 하시는 하나님 | 14
2. 의롭다 하신 이는 하나님 | 26
3. 의와 의롭게 하는 자 | 35
4. 죄로부터의 구원에 대하여 | 43
5. 은혜로 인하여 믿음으로 | 52
6. 믿음이란 무엇인가 | 56
7. 믿음에 대한 설명 | 63
8. 믿음으로 구원받는 이유 | 73

9. 아! 나는 아무것도 할 수 없구나! | 80

10. 믿음의 성장 | 100

11. 중생과 성령 | 108

12. 살아 계신 구세주 | 113

13. 회개와 죄사함 | 117

14. 회개는 어떻게 주어지는가 | 126

15. 타락의 두려움 | 133

16. 견고하게 하심 | 141

17. 성도의 견인의 근거 | 148

+ 맺음말 | 154

+1

경건치 아니한 자를 의롭다 하시는 하나님

이 말씀을 잘 듣기 바란다. 로마서 4장 5절은 이렇게 말한다.

"일을 아니할지라도 경건치 아니한 자를 의롭다 하시는 이를 믿는 자에게는 그의 믿음을 의로 여기시나니."

"경건치 아니한 자를 의롭다 하시는 이"라는 말씀에 주의하라. 이 말씀은 아주 놀라운 말씀이다.

성경에 "경건치 아니한 자를 의롭다 한다"는 표현이 있다는 사실이 놀랍지 않은가? 십자가의 도를 경멸하는 자들이 하나님을 비난하기 위해 이 말씀을 인용한다는 이야기를 들었다. 주님은 악인을 구원하시고 극히 사악한 자를 영접하신다는 것이다. 이 성경 말씀이 그러한 비난을 어떻게 받아들이고 어떻게 말하는지 보라!

하나님은 사도 바울의 입을 통해 그리고 성령의 영감을 통해 자신을 "경건치 아니한 자를 의롭다 하시는 이"라고 분명히 말씀하신다. 하나님은 불의한 자를 의롭다 하시고 벌받아 마땅한 자들을 용서하시며 사랑받을 자격이 없는 사람들을 사랑하신다. 당신은 지금까지 구원이 선한 사람을 위한 것이라고 생각했을 것이다. 하나님의 은혜는 죄와 상관 없는 순전하고 거룩한 자를 위한 것이라고 생각했을 것이다. 당신 자신이 훌륭해야 하나님께서 상급을 주신다고 생각했을 것이다. 자신은 가치 없는 존재이므로 하나님의 은혜와 사랑을 누릴 수 없다고 생각했을 것이다. 그러므로 당신은 본문 말씀에서 "경건치 아니한 자를 의롭다 하시는 이"라는 구절을 읽고 놀랄 것이다. 당신이 놀란다고 해서 나는 이상하게 여기지 않는다. 이 은혜에 사로잡힌 나 자신도 이 은혜를 생각하면 놀랍기만 하다.

거룩하신 하나님께서 거룩하지 못한 사람을 의롭게 여기신다는 것은 정말 놀라운 말씀이 아닌가? 우리는 항상 양심의 법에 따라서 자신의 선과 가치에 대해 이야기하며, 하나님의 주목을 끌기 위해 우리 안에 무엇이 있어야 한다고 고집을 부린다. 그러나 우리의 모든 거짓을 꿰뚫어 보시는 하나님은 우리 안에 아무런 선이 없다는 것을 아신다. 하나님은 "의인은 없나니 하나도 없다"고 하신다. "우리의 의는 다 더러운 옷 같다"는 것을 아신다. 그러므로 주 예수 그리스도는 사람들에게서 선과 의를 찾아보려고 이 세상에 오신 것이 아니라 자신에게 있는 선과 의를 사람들에게 나눠 주시려고 오신 것이다. 주님은 우리가 의로워서가 아니라 우리를 의롭다 하기 위해 오셨다. 주님은 경건치 못한 자를 의롭다 하신다.

정직한 변호사라면 법정에 들어가서 무죄한 사람의 사건을 변호하여 잘못된 누명을 벗기고 그를 의롭다 하기 위해 온갖 노력을 기울일 것이다. 무죄한 자를 의롭다 하는 것이 변호사의 일이다. 그는 결코 죄 있는 사람들을 감싸려고 해서는 안 된다.

죄 있는 사람을 의롭게 하는 것은 사람의 힘이 아닌 오직 하나님의 능력으로만 가능한 것이다. 이 일은 오직 주님께만 속한 이적이다. 하나님, 곧 한없이 의로우신 주권자는 이 땅 위에서 의를 행하고 죄를 범치 않는 의로운 자가 없음을 잘 아신다. 그러므로 하나님은 무한한 주권과 말로 다할 수 없는 사랑으로, 의로운 자가 아니라 경건치 못한 자를 의롭게 하시는 일을 맡으셨다. 그래서 하나님은 경건치 못한 자를 의롭게 하시기 위해 한 방도를 정하시고, 그 방도에 의해 죄 있는 자를 자신의 진노와 죄에서 전적으로 해방된 자로 여길 수 있게 하셨다. 하나님은 경건치 아니한 자를 의롭게 하신다.

예수 그리스도는 죄인을 구원하시기 위해 세상에 오셨다. 이것은 참으로 놀라운 일이다. 구원을 누리는 사람들은 모두 다 이것을 경이롭게 여긴다. 하나님께서 나를 의롭게 하셨다는 것은 내가 지금까지 들은 일 중에서 가장 놀라운 사실이다.

나는 하나님의 전능하신 사랑과는 거리가 먼 무가치하고 부패한 죄 덩어리이다. 나는 그리스도 예수 안에 있는 믿음으로 말미암아 의롭게 되었으며 또한 완전히 의로운 자로 여김을 받고 하나님의 상속자, 곧 그리스도와 함께 한 상속자가 되었음을 확신한다. 본성에 의하면 나는 죄인 중의 괴수의 자리를 차지해야 할 것이다. 그러나 그렇게 전혀 가치 없는 내가 가치 있는 자로 여김을 받고 있다. 이전에 나는 전혀 경건하지 않았는데 항상 경건하게 생활해 온 것처럼 많은 사랑을 받고 있다. 이런 것을 생각하면 누가 놀라지 않겠는가? 이 놀라운 은혜에 감사할 따름이다.

이렇게 놀라운 이 말씀이 당신과 내게 얼마나 유익한 복음이 되는가를 주의해 보기 바란다. 하나님이 경건치 아니한 자를 의롭다 하신다면 당신도 의롭다 하실 수 있다는 것이다. 당신이 바로 그와 같은 사람이 아닌가? 만일 당신이 이 순간까지도 회심하지 않고 있다면 이 말씀은 당신에게 더욱 적절한 말씀이다. 당신은 하나님 없이 살아 왔으며 거룩한 것과는 멀리 떨어져 있었기 때문에 한마디로 경건치 못하다. 어쩌면 당신은 주일날 하나님께 예배드리지도 않고, 하나님의 날과 하나님의 성전과 하나님의 말씀을 무시하고 살아왔을 것이다.

이런 것들이 바로 당신이 경건치 못했음을 증명하는 것이다. 더욱 슬픈 사실은 당신이 하나님의 존재를 의심하려 했으며 부인해 왔다는 것이다. 당신은 하나님이 계시다는 증거로 가득 찬 이 아름다운 세상에 살면서도 그분의 권능과 신성의 분명한 증거를 전혀 깨닫지 못했다. 그리고 마치 하나님이 없는 것처럼 살아왔다. 당신은 아마 하나님이 존재하지 않는다는 확실한 증거를 자신에게 제시할 수 있었다면 매우 기뻐했을 것이다.

당신은 이런 식으로 오랜 세월을 살아왔으므로 지금은 그런 생활이 굳어졌고, 당신의 삶 어디에도 하나님은 계시지 않는다. 당신이 경건치 못하다는 사실은 바닷물이 짜다는 사실처럼 분명하다. 이 말에 동의하지 않는가?

혹은 당신이 다른 부류의 사람일 수도 있다. 즉 여러 교회 행사에 착실히 참석하지만 마음속으로는 아무런 감동도 받지 못하는 사람일지도 모른다. 이것은 당신이 불경건한 사람임을 증명하는 것이다. 당신은 하나님을 믿는 사람들과 많이 만나면서도 당신 자신은 하나님과 직접 만나보지 못했다. 비록 성가대의 일원으로 찬양을 불렀다 해도 당신 마음이 진정 하나님을 찬양한 것은 아니다. 당신은 하나님을 사랑하지도 않았으며 또 그분의 말씀을 지키려고 힘쓰지도 않았다. 하나님께서 경건치 아니한 자를 의롭게 하신다는 이 복음은 당신 같은 사람들을 위한 것이다.

이 복음은 참으로 놀라운 것이며 바로 당신을 위한 것이다. 이 복음이 당신에게 적합하다고 생각하지 않는가? 나는 진심으로 당신이 이 복음을 받아들이기 원한다! 당신이 지각 있는 사람이라면, 당신 같은 사람을 위해 베푸시는 하나님의 놀라운 은혜를 깨닫고 "경건치 아니한 자를 의롭다고 하시다니! 그렇다면 나 역시 의롭다 함을 받지 못할 까닭이 어디 있겠는가? 나도 단번에 의롭다 함을 받을 수 있지 않은가?" 하고 소리칠 것이다.

이러한 깨달음은 참으로 귀중한 것이다. 하나님의 구원은 구원받을 자격이 없고 구원에 대해 아무 준비도 갖추지 못한 사람에게 임한다. 이같은 사실이 성경에 포함되었다는 것은 참으로 합당한 일이다. 왜냐하면 자신의 의가 없는 자들만이 하나님으로부터 의롭다 함을 받을 필요가 있기 때문이다.

만일 이 책을 읽는 사람들 중에 완전히 의로운 사람이 있다면 그는 의롭다 함을 받을 필요를 느끼지 않을 것이다. 그런 사람은 항상 자신의 임무를 다하고 있다고 생각할 것이다. 이런 사람이 그리스도가 필요하겠는가? 그리스도의 자비를 원하겠는가? 칭의를 받고자 하겠는가? 이러한 사람에게는 이 책이 아무런 도움도 주지 못하므로 별 흥미가 없을 것이다.

혹시 독자 중 누가 이런 자만심을 갖고 있다면 잠시 내 말에 귀를 기울이기 바란다. 당신이 버림받으리라는 것은, 당신이 현재 살아 있다는 것만큼 확실하다. 의로운 행위를 통해 자신이 의로워 진다고 생각한다면 당신은 남을 속이고 있거나 아니면 스스로 속고 있다. 거짓이 없는 성경은 다음과 같이 말하고 있다. "의인은 없나니 하나도 없다."

자신을 의롭다고 여기는 사람들에게 줄 복음은 없다. 단 한마디도 없다. 예수 그리스도는 의로운 자를 부르러 오시지 않았다. 나는 예수께서 하시지 않은 일을 하지 않을 것이다. 또 그런 사람은 내가 부른다 해도 오지 않을 것이다. 나는 그런 자들에게, 그런 망상에서 깨어날 때까지 소위 자신의 의라는 것을 살펴보라고 충고한다. 그런 의는 사실 거미줄만큼이나 의지할 것이 못 된다. 그런 망상을 버리라! 그런 망상에서 떠나라!

칭의를 필요로 하는 사람들은 스스로를 의롭다고 여기지 않는 사람들이다. 그들은 자신이 하나님의 보좌 앞에서 의롭다 여김을 받기 위해서 무언가 이루어져야 할 것이 있음을 안다. 바로 그 점을 의지하라. 주님만이 그 필요한 일을 하실 수 있다. 무한한 지혜를 갖고 계신 주님께서 결코 무가치하고 무익한 일을 하실 리 없다. 이미 의로운 사람을 의롭게 하는 것은 하나님의 일이 아니다. 그런 일은 바보나 할 짓이다. 불의한 자를 의롭다 하는 것은 무한한 사랑과 자비로만 되어진다. 경건치 않은 자를 의롭게 하는 것은 전능하신 하나님께 속한 일이다.

생각해 보라. 확실하고 훌륭한 치료법을 발견해 낸 의사가 있다면 그를 어떤 자에게 보내야 할까? 건강한 자들에게 보낼 것인가? 그렇지 않다. 이 의사를 병자가 한 사람도 없는 곳에 보낸다면 그는 그곳이 자기가 있을 곳이 아님을 곧 알게 될 것이다. 거기에는 의사가 할 일이 없기 때문이다.

"건강한 자에게는 의원이 쓸 데 없고 병든 자에게라야 쓸 데 있느니라"고 성경은 말한다. 그러므로 은혜와 구속이라는 이 위대한 치료법은 오직 영혼이 병든 자를 위한 것이 아니겠는가? 치료를 위한 책도 건강한 자를 위한 것이 아니다. 오직 병든 자에게만 필요한 것이다.

사랑하는 친구여, 당신이 영적으로 병들었다고 생각한다면 이 위대하신 의사께서 바로 당신을 위해 오셨다는 사실을 기억하라. 당신이 죄로 인하여 완전히 파멸되었다면 당신이야말로 구원 계획에서 표적이 되는 사람이다. 사랑의 주님께서 은혜를 베푸셔서 당신 같은 사람을 의롭다고 하셨다.

관대한 마음을 가진 사람이 자기에게 빚진 모든 사람의 빚을 탕감해 주기로 작정했다고 하자. 그런데 이 사람이 빚을 탕감해 줄 수 있는 사람은 자기에게 빚진 자들뿐이다. 어떤 사람은 천 파운드를 빚지고 어떤 사람은 오십 파운드를 빚졌다. 이 사람들은 차용 증서를 되돌려 받고 채무가 청산되어야 한다. 아무리 관대한 사람이라도 자기에게 빚지지 않은 사람의 빚을 탕감해 줄 수는 없다. 마찬가지로 전능자의 능력으로 사죄의 은혜를 베풀려고 해도 죄가 없다고 하는 자에게는 사죄의 은혜가 임할 수 없다. 사죄의 은혜는 죄책을 느끼는 사람에게만 임한다. 사죄는 죄인에게만 필요하다. 사죄받을 필요가 없는 사람을 용서한다든가 범죄하지 않은 사람을 사면한다는 말은 성립되지 않는다.

당신은 죄인인 고로 버림받아 마땅하다고 생각하는가? 그 사실이야말로 당신이 구원받을 수 있는 이유가 된다. 당신이 자신을 죄인으로 여기기 때문에 나는 바로 당신과 같은 죄인을 위하여 은혜가 예비되어 있음을 믿도록 권면하려는 것이다. 어느 찬송 가사에 이런 구절이 있다.

죄인이란 성스러운 존재
성령이 그를 정결케 만들었도다.

참으로 예수 그리스도는 버림받은 자를 찾으시고 구원하신다. 그는 죽으심으로 죄인들을 위한 구속 제물이 되셨다. 나는 말로만 자신을 "비참한 죄인"이라고 부르지 않는 사람이라면 누구나 즐거이 만날 것이다. 자신을 진정한 죄인으로 여기는 사람들과는 밤새도록

이라도 기꺼이 이야기하겠다. 자비의 문은 그런 사람들에게 주일날 뿐 아니라 일주일 내내 열려 있다.

우리 주 예수 그리스도는 가공적인 죄를 위해 죽으신 것이 아니다. 주님은 자신의 피 외에 어느 것으로도 지울 수 없는 진홍색 얼룩을 씻기 위해 뜨거운 피를 쏟으셨다. 먹보다도 더 검은 죄인들을 흰 눈보다 더 깨끗하게 하기 위해 예수 그리스도는 오셨다.

한 복음 전도자가 "이미 도끼가 나무 뿌리에 놓였다"는 설교를 하자 그 설교를 들은 사람들은 "당신의 설교는 마치 범죄자들에게 하는 것 같습니다. 그런 설교는 감옥에서나 해야 어울릴 것입니다" 하고 말했다.

그러자 그 설교자는 "오, 그렇지 않습니다. 내가 만약 감옥에서 설교한다면 그 본문으로 해서는 안 되지요. 거기서는 '미쁘다 모든 사람이 받을 만한 이 말이여 그리스도 예수께서 죄인을 구원하시려고 세상에 임하셨다'(딤전 1:15)라는 말씀을 전할 것입니다"라고 말했다.

그렇다. 율법은 자신을 의롭다고 여기는 자들의 교만을 꺾기 위한 것이다. 그러나 복음은 버림받은 사람을 위한 것이요, 그들에게 새 소망을 주기 위한 것이다. 당신이 버림받은 사람이 아니라면 그리스도가 당신에게 무슨 필요가 있겠는가? 목자가 길을 잃지 않은 양들을 뒤쫓아 갈 필요가 있는가? 동전을 잃어버리지 않은 여인이 온 집을 뒤지며 찾을 필요가 있을까?

약은 병든 자에게만 필요하고 다시 살리는 일은 죽은 자에게만 필요한 것이다. 사죄는 범죄한 자에게, 자유는 속박된 자에게, 눈을 뜨게 하는 일은 장님에게 필요하다. 인간이 범죄하여 저주 아래 놓였다는 가정도 없이 어떻게 구세주를 생각하며 사죄의 복음을 말할 수 있겠는가? 죄인이 있는 고로 복음이 존재하는 것이다.

오, 나의 친구여, 이 말씀은 당신을 위한 것이다. 당신은 자신을, 가치도 없고 저주받아 지옥에 가야 마땅한 자로 여기는가? 이 복음은 바로 당신 같은 사람을 위해 선포된 것이다. 하나님은 경건치 않은 자를 의롭다 하신다.

나는 이 복음을 아주 명확하게 설명하여 당신이 충분히 깨닫기를 원한다. 그러나 아무리 설명이 명확해도 하나님만이 당신에게 이 진리를 깨닫게 하실 수 있다. 처음에는 구원이 버림받은 죄인을 위한 것임을 알고 놀란다. 사람들은 회개가 구원의 한 부분임도 잊고 구원이 회개하는 자를 위한 것임이 틀림없다고 생각한다. 또한 "아, 나는 이 정도의 사람은 되어야 하는데"라고 생각한다. 물론 그렇다. 그러나 그것은 구원받은 결과로 그렇게 되는 것으로, 구원이 먼저 오고 후에 생기는 것이다. 즉 그가 불의한 자로 있는 중에 구원이 온다. 하나님의 복음이 그를 의롭다 할 때 그는 "경건치 못한" 상태에 있는 것이다.

그러므로 하나님께서 요구하시는 선을 갖지 못하여 두려워하고 있는 자들에게, 은혜로우신 하나님은 그들이 선해서가 아니라 하나님 자신이 선하시므로 아무 조건 없이 그들을 기꺼이 용납하시고 그들의 죄를 용서하신다는 사실을 믿으라고 말하고 싶다.

하나님은 의로운 자에게나 불의한 자에게나 똑같이 빛을 비추시지 않는가? 결실의 계절이 누구에게나 한결같이 오지 않는가? 악한 민족에게도 비와 태양은 때를 따라 내리고 비추인다. 소돔에도 태양은 떠올랐고 고모라에도 아침 이슬은 내렸다.

오, 친구여, 하나님의 크신 은혜는 나와 당신의 생각을 초월하므로 우리는 그분의 은혜를 깊이 묵상해야 한다. 하늘이 땅보다 높음 같이 하나님의 생각은 우리의 생각보다 높다. 하나님은 우리의 죄를 무한히 용서하신다. 예수 그리스도는 죄인을 구원하시기 위해 오셨다. 사죄의 은총은 죄인을 위한 것이다.

당신은 자신을 속여 실제의 당신과 다른 사람으로 만들려 하지 말고 다만 불의한 자를 의롭게 하시는 분에게 그 모습 그대로 나오기만 하면 된다.

얼마 전 한 유명한 미술가가 자기가 살고 있는 동네를 그리는데, 그 그림 안에 그 동네에서 잘 알려진 인물을 넣어 기념을 삼고자 했다. 그리하여 이 미술가는 동네 사람들에게 잘 알려진 청소부 한 사람을 택했고 그 남루한 차림의 청소부가 잘 어울릴 만한 적당한 장소도 골라 놓았다. 그리고 이 미술가는 청소부에게 "나의 화실에 오셔서 내 그림의 모델이 되어 주시면 후한 보수를 드리겠습니다" 하고 말했다. 그 청소부는 약속대로 다음날 아침 일찍 화실로 나왔지만 다시 자기의 일터로 보내졌다. 왜냐하면 그는 깨끗이 면도하고 머리도 단장하고 또 말끔한 옷차림으로 왔기 때문이었다. 미술가에게는 그 그림의 배경에 어울릴 청소부가 필요했지 말끔한 신사가 필요하지 않았다.

이와 같이 복음도 죄인으로서의 당신을 기다리는 것이지 그 외의 다른 모습으로 오는 것은 환영하지 않는다. 스스로의 개혁을 기다리지 말고 속히 구원받으러 나오라. 하나님은 경건치 아니한 자를 의롭게 하신다. 그 진리만이 당신이 처한 현재의 상태에서 당신을 구원할 수 있다.

지금 있는 모습 그대로 나오라. 죄투성이의 모습 그대로 하늘 아버지께로 나오라. 문둥이의 모습, 더러운 모습 그대로, 살든지 죽든지 있는 모습 그대로 주 예수께 나오라. 만물 중에 찌꺼기 같을지라도 그 모습 그대로 나오라. 당신 앞에는 지금 죽음밖에 해결할 길이 없다고 생각될지라도 나오라. 나와서 또 하나의 경건치 못한 사람을 의롭게 해달라고 그리스도께 구하라. 도대체 그렇게 하지 못할 이유가 무엇인가? 하나님의 이 크신 자비는 바로 당신을 위한 것이다. 지금까지 성경 말씀 그대로 당신에게 전했는데 어떻게 더 강조하여 말하겠는가? 하나님께서는 자신을 친히 "경건치 아니한 자를 의롭다 하시는 이"라고 말씀하신다. 이 얼마나 자비로운 호칭인가? 하나님은 본성적으로 경건치 아니한 자를 의롭다 하시며 또 의인으로 대우하신다. 이 말씀은 바로 당신을 위한 놀라운 말씀이 아닌가?

독자여, 이 문제를 깊이 깨닫고 구원에 참여하기를 바란다.

+2

의롭다 하신 이는 하나님 - 로마서 8:33

　우리가 의롭다 여김을 받는 것은 얼마나 놀라운 일인가? 만일 우리가 하나님의 율법을 어기지 않았더라면 우리는 스스로 의로운 고로 의롭다 함을 받을 필요가 없었을 것이다. 마땅히 해야 할 일을 했고 하지 말아야 할 일을 하지 않은 사람은 율법에 의해 온전한 사람, 즉 의로운 사람이다. 그러나 당신이 그렇지 못하다고 나는 확신한다. 당신은 양심이 있으므로 죄 없다고 하지 못할 것이다. 그러므로 당신은 의롭다 함을 받을 필요가 있다.

　만일 스스로 의롭다 한다면 당신은 자신을 속이는 자가 될 것이다. 의로운 체하지 말자. 그런 일은 한 푼의 가치도 없는 것이다.

　친구들에게 당신을 의롭게 만들어 달라고 요구한다면 그들이 할 수 있는 일은 무엇일까? 당신은 친구들이 당신을 칭찬하게 할 수 있을 것이다. 어떤 친구는 당신을 조금 덜 비난할 것이다. 그러나 그들의 판단은 별 가치가 없다.

　성경은 "의롭다 하신 이는 하나님이시니"라고 말한다. 이 말씀은 분명히 요점을 지적하고 있다. 우리는 이 놀라운 말씀을 깊이 묵상해 보아야 한다. 죄 있는 자를 의롭다고 하실 이는 하나님 외에 아무도 없다. 그들은 하나님께 반항하며 살아왔다. 그들은 두 손으로 범죄하였고 점점 더 악해져 갔다. 범죄에 대한 대가를 치른 후에도 다시 죄악으로 돌아갔다. 잠깐 동안 죄악에서 떠났다가도 또다시 범죄했다. 그들은 율법을 어겼으며 복음을 짓밟았다. 자비의 말씀들을 거절하였고 계속하여 불경건한 삶을 살았다. 그들이 어떻게 용서받을 수 있겠으며 의롭다 함을 입을 수 있겠는가? 친구들조차 그들에게 크게 실망하여 "그들은 어떻게 구제할 길이 없어" 하고 말할 정도다. 그리스도인들조차 소망보다는 슬픈 마음으로 그들을 바라본다. 그러나 하나님은 그렇지 않으시다. 하나님은 이 세상의 기초를 놓으시기 전에 은혜 가운데 그들 중 일부를 선택하셔서 그들을 의롭다 하시고 사랑하는 자로 영접하셨다.

"미리 정하신 그들을 또한 부르시고 부르신 그들을 또한 의롭다 하시고 의롭다 하신 그들을 또한 영화롭게 하셨느니라"(롬 8:30)고 성경은 말하지 않는가? 주께서 의롭다 하시기로 작정한 사람이 분명히 있다. 우리가 거기에 포함되지 못할 이유가 어디에 있는가?

하나님 외에는 단 한 사람도 나를 의롭다고 생각하지 않는다. 나를 의롭다고 하신 하나님! 이는 참으로 놀라운 은혜이다. 이 은혜가 다른 사람들에게도 똑같이 임할 것을 의심치 않는다. 다소의 사울을 보라. 그는 하나님의 종들을 핍박하는 데 온 힘을 기울였다. 굶주린 늑대와 같이 양무리들을 끈질기게 괴롭혔다. 그러나 하나님께서는 다메섹으로 가는 도상에서 그를 거꾸러뜨려 회개시키시고 그를 의롭다 하셨으며, 믿음으로 의롭다 함을 받는다는 복음을 전하는 가장 위대한 설교자가 되게 하셨다. 그는 예수 그리스도 안에 있는 믿음으로 의롭다 함을 얻는다는 이 진리에 이따금씩 경이감을 느꼈을 것이다. 그는 일찍이 율법의 행위에 의해 구원받는다는 신념을 가지고 있었다. 사울과 같은 핍박자를 의롭다 하실 이는 하나님밖에 없다. 주 하나님은 진실로 은혜로우시다.

경건치 못한 자를 의롭게 하고 싶은 사람이 있다 할지라도 오직 하나님만이 그것을 하실 수 있다. 자기에게 범죄하지 않은 자를 용서할 수 있는 사람은 없다. 어떤 사람이 당신에게 큰 상처를 입혔다고 하자. 당신은 그를 용서해 줄 수 있다. 나도 당신이 그러기를 바란다. 그러나 당신 이외의 제삼자는 그를 용서해 줄 길이 없다. 잘못이 당신에게 행해진 것이라면 용서는 당신만이 할 수 있다.

만일 우리가 하나님께 범죄했다면 용서하는 일은 하나님의 능력에 속한 것이다. 왜냐하면 그 죄는 하나님을 거스른 것이기 때문이다. 그런 고로 다윗은 시편 51편에서 이렇게 말했다. "내가 주께만 범죄하여 주의 목전에 악을 행하였나이다." 우리가 범죄한 것은 하나님께 대한 것이므로 하나님만이 그 죄를 없앨 수 있다. 우리가 하나님께 진 빚은 창조주 하나님만이 탕감해 주실 수 있고, 또한 하나님은 그 일을 기뻐하신다. 하나님 외에는 아무도 우리가 그분에게 범한 죄를 지워 버릴 수 없는 것이다.

독자여, 속히 하나님에게 나가서 그분의 자비를 구하자. 사제들의 미혹을 받지 말라. 그들은 자기들에게 나와서 죄를 고백하라고 한다. 하나님의 말씀에 그런 주장을 뒷받침할 근거는 없다. 우리는 직접 중보자이신 예수 그리스도를 통하여 주 하나님께 나아가서 용서를 구해야 한다. 이 길만이 올바른 길임을 확신한다. 대리 종교에는 많은 위험이 따른다. 당신은 당신 영혼의 문제에 깊은 관심을 가져야 하며 그 문제를 남의 손에 맡겨서는 안 된다.

하나님만이 경건치 못한 자를 의롭다고 하실 수 있다. 하나님만이 이 일을 완전히 이루실 수 있다. 그분은 우리의 죄악을 완전히 제거하시며 깨끗하게 하신다. 찾아도 발견하지 못하도록 깨끗하게 하신다고 말씀하신다. 바로 그분의 무한하신 선으로 이 영광스런 길을 마련하셨다. 그분은 우리의 피같이 붉은 죄를 눈과 같이 희게 하실 수 있으며 동이 서에서 먼 것같이 우리의 죄과를 멀리 옮기실 수 있다. 하나님은 "네 죄를 기억지 아니하리라"고 말씀하신다. 또 다시는 죄를 범하지 않게도 하신다.

옛날에 한 성도는 이 사실을 깨닫고 이렇게 노래했다.

> "주와 같은 신이 어디 있으리이까 주께서는 죄악을 사유하시며 그 기업의 남은 자의 허물을 넘기시며 인애를 기뻐하심으로 노를 항상 품지 아니하시나이다"(미 7:18).

우리는 지금 공의에 대해서나 하나님께서 인간들의 행위대로 다루시는 것에 대해서 말하고 있는 것이 아니다. 만일 당신이 법적으로 의로우신 하나님과 대면한다면 영원한 진노를 받게 된다. 당신은 그런 진노를 받아 마땅하기 때문이다.

하나님의 이름을 찬양하라. 그분은 우리의 죄악대로 우리를 대하지 않으시고 값없는 은혜와 무한하신 사랑으로 대하시며 "내가 너를 기쁨으로 받아들이며 즐거이 사랑하리라"고 말씀하신다. 이 말씀을 믿으라. 분명히 하나님은 죄인들을 큰 자비로 대하신다. 하나님은 경건치 않은 자를, 마치 그들이 지금까지 경건했던 것처럼 대하신다. 탕자의 비유를 주의 깊게 읽어 보라. 아버지는 돌아온 탕자를 어떻게 맞이했는가? 그는 아들이 집을 떠난 일이 없었던 것같이, 창기와 더불어 더럽혀진 일이 없었던 것같이 그를 맞이했다. 탕자에 대한 아버지의 관대한 태도에 그의 맏아들이 불평하기 시작했다. 그러나 아버지의 사랑은 그치지 않았다.

오, 나의 사랑하는 형제여, 아무리 죄가 많을지라도 아버지이신 하나님께 돌아오기만 하면 그분은 당신을 잘못이 하나도 없는 것처럼 맞이하실 것이다. 하나님은 당신을 의롭게 여기실 것이며 관대한 아버지와 같이 당신을 대할 것이다.

분명히 해 두어야 할 말이 있다. 그것은 참으로 놀라운 일이다. 즉 하나님 외에는 경건치 않은 자를 의롭다고 생각할 자가 없고, 그렇게 할 수 있는 자도 없다는 것이다. 하나님만이 그 일을 하실 수 있다. 바울은 이것을 어떻게 증거하는가? "누가 능히 하나님의 택하신 자들을 송사하리요 의롭다 하신 이는 하나님이시니"(롬 8:33)라고 했다. 하나님이 사람을 의롭다고 하셨다면 그것은 분명한 사실이며, 잘된 일이며, 올바른 일이며, 영원히 성취된 일이다.

언젠가 나는 복음과 복음 전파자들을 비방하는 글을 읽어 본 일이 있다. 복음 전파자들이 사람에게서 죄가 제거될 수 있다는 이론을 고집한다는 내용이었다. 우리는 이론이 아니라 사실을 전파한다. 이 세상에서 가장 위대한 사실은 바로 그리스도께서 자신의 보배로운 피로 죄를 정결케 하신다는 것이다. 하나님께서는 그리스도를 인하여 자비를 베푸신다. 그분이 죄 있는 자를 용서하시고 그들을 의롭다고 하심은 그들 안에서 무엇을 보시거나 장차 있을 무엇을 예견하시기 때문이 아니라 오로지 하나님의 풍성한 자비에 따른 것이다. 이 사실을 우리는 지금까지 전파해 왔고 현재도 전파하며, 또 생명이 다하는 순간까지 전파할 것이다.

"의롭다 하신 이는 하나님이시다." 하나님은 경건치 않은 자를 의롭다 하시며, 이 일을 부끄러워하지 않으신다. 우리도 이 진리를 전파하는 일을 부끄러워하지 않는다.

하나님으로부터 오는 칭의는 의문의 여지가 있을 수 없다. 재판관이신 하나님이 나를 무죄라고 하시는데 누가 나를 감히 정죄하겠는가? 이 세상 최고의 법정에서 나를 의롭다고 했는데 누가 나의 허물을 추궁하겠는가? 하나님으로부터 오는 칭의는 죄책감을 느끼는 양심에게 충분한 해답이 된다. 이와 같이 성령께서 우리에게 화평을 불어넣어 주시므로 우리는 더 이상 두려워하지 않는다. 이 칭의로 인하여 우리는 사탄과 경건치 못한 사람들의 모든 비방과 조롱에 대하여 분명히 대답할 수 있다. 이 칭의로 인하여 우리는 담대히 죽을 수 있고, 다시 살아날 것이며, 마지막 대심판을 담대하게 맞이할 것이다.

> 마지막 심판 날 당해도
>
> 나 용감히 서리니
>
> 누가 나를 책할 수 있으랴?
>
> 무서운 죄의 저주 아래서
>
> 나의 주님
>
> 나를 사해 주셨네.

　친구여, 주께서는 당신의 모든 죄를 깨끗하게 하실 수 있다. "온갖 죄와 허물을 용서받을 수 있다"는 나의 말은 절대로 추측이 아니다. 당신의 죄가 목구멍까지 차 올랐어도 주님은 단 한마디 말씀으로 당신에게서 허물을 벗기시고 "내가 너를 깨끗하게 하노라"고 말씀하실 수 있다. 주 하나님은 용서의 하나님이시다.

　나는 죄의 용서를 믿는다. 당신도 믿는가? 하나님은 이 시간에도 당신에게 이같이 선언하실 수 있다. "네 모든 죄가 사해졌느니라. 평안히 갈지어다." 하나님이 이렇게 말씀하신다면 천상천하의 어느 세력이 감히 당신을 의심하거나 징벌하겠는가? 전능하신 이의 사랑의 능력을 의심하지 말라. 당신이 하나님께 범죄한 것만큼 당신의 친구가 당신에게 범죄하였다면 당신은 그를 용서할 수 없을 것이다. 그러므로 당신의 기준으로 하나님을 판단하지 말라. 하늘이 땅에서 높음같이 하나님의 생각과 길은 당신이 미칠 수 없는 높은 곳에 있다. "주 하나님께서 나를 용서하신다면 그야말로 큰 이적이다"라고 당신은 말한다. 정말 그렇다. 그것은 최고의 이적이다. 그러므로 그분은 그 일을 행하실 것이다. 그분은 우리가 기대하지 않은 크고 측량할 수 없는 일을 행하시는 분이기 때문이다.

나는 무서운 죄책감으로 괴로워했고, 그것은 내 인생을 비참하게 만들었다. 그러나 "땅 끝의 모든 백성아 나를 앙망하라 그리하면 구원을 얻으리라 나는 하나님이라 다른 이가 없음이니라"(사 45:22)는 명령을 듣고 주님을 바라본 순간 나는 의롭다 함을 얻었다. 나 대신 죄를 담당하신 예수 그리스도를 바라본 것이다. 그것이 내게 안식을 주었다. 옛날 광야에서 불뱀에게 물린 사람들이 놋뱀을 쳐다보기만 해도 즉시 나음을 입었던 것 같이 나도 십자가에 못박히신 구세주를 바라보고 안식을 얻었다. 성령께서 나로 믿게 하셨으며 믿음을 통해서 화평을 주셨다. 예전에 심판을 확신했던 것처럼 죄를 용서받았다는 것도 확신할 수 있었다. 하나님의 말씀이 심판을 선언하셨고 또한 나의 양심도 그 점을 인정했기에 나는 그것을 확신했었다. 그러나 그 하나님께서 나를 의롭다고 하셨을 때 나는 동일하게 그것을 확신했다.

주 하나님은 성경에서 "그를 믿는 자는 심판을 받지 않는다"(요 3:18 참조)고 말씀하신다. 나의 양심도 내가 믿는 것을 증거하며 나를 용서하시는 하나님의 공의로우심을 증거한다. 이와 같이 나는 성령과 양심의 두 증거를 가지고 있으며 이 둘은 하나인 것이다. 나는 당신이 이 문제에 대해 하나님의 증거를 받아들이고 또한 속히 마음속에 이 증거를 소유하게 되기를 간절히 바라는 바이다.

만일 자기의 공로로 의로워진 사람이 있다면, 사람보다는 하나님에 의해 의롭다 함을 받은 죄인이 더 확고한 발판 위에 서 있다고 자신 있게 말할 수 있다. 우리는 우리의 행위가 조금도 부족함이 없었다고는 절대로 확신할 수 없다. 우리의 양심은 늘 불안할 것이고, 불확실한 판단에 의존하여 늘 두려워할 수밖에 없을 것이다. 그러나 하나님께서 친히 우리를 의롭다 하시고 또한 성령께서 하나님과 우리를 화평케 하심으로 그것을 증거하실 때, 우리는 그 문제가 확실하게 해결되었음을 믿고 안식으로 들어가게 된다.

모든 인간의 이해를 초월하는 하나님의 평안을 받아들인 사람의 영혼 속에 찾아드는 그 고요함, 그 평강의 깊이는 말로 다할 수 없는 것이다. 사랑하는 독자여, 지금 곧 그것을 구하라.

+3 의와 의롭게 하는 자

지금까지 우리는 경건치 않은 자를 의롭게 하는 일과 하나님께서만 이 일을 하실 수 있다는 진리에 대해서 생각해 보았다. 한 걸음 더 나아가서 이런 질문을 해 보자. 의로우신 하나님께서 어떻게 죄인들을 의롭다 하실 수 있을까? 이 질문에 대한 완전한 답을 바울이 쓴 로마서 3:21-26까지에서 찾아볼 수 있다.

"이제는 율법 외에 하나님의 한 의가 나타났으니 율법과 선지자들에게 증거를 받은 것이라 곧 예수 그리스도를 믿음으로 말미암아 모든 믿는 자에게 미치는 하나님의 의니 차별이 없느니라 모든 사람이 죄를 범하였으매 하나님의 영광에 이르지 못하더니 그리스도 예수 안에 있는 구속으로 말미암아 하나님의 은혜로 값없이 의롭다 하심을 얻은 자 되었느니라 이 예수를 하나님이 그의 피로 인하여 믿음으로 말미암는 화목 제물로 세우셨으니 이는 하나님께서 길이 참으시는 중에 전에 지은 죄를 간과하심으로 자기의 의로우심을 나타내려 하심이니 곧 이 때에 자기의 의로우심을 나타내사 자기도 의로우시며 또한 예수 믿는 자를 의롭다 하려 하심이니라."

여기서 나는 개인적 경험 한 가지를 말하지 않을 수 없다. 성령의 역사에 의해 죄인임을 확신했을 때 나는 하나님의 공의를 분명히 깨달았다. 죄가 다른 사람들에게는 어떻게 인식되는지 몰라도 나에게는 견딜 수 없는 큰 짐이었다. 나는 사실 지옥보다 죄를 더 무서워했다. 나는 내가 너무나 끔찍한 죄인이라는 것을 알고 있었으므로 하나님께서 나를 벌하시는 것이 마땅하다고 생각했다. 또한 만유의 재판장 되시는 분은 나와 같이 범죄한 사람들을 다 정죄해야 한다고 생각했다.

나는 심판대에 올랐고 스스로 멸망의 정죄를 받았다. 내가 하나님이라 해도 나 같은 죄인들을 지옥 맨 밑바닥에 던져 넣었을 거라고 시인했다. 그러는 동안 나는 하나님의 이름의 영광과 그분의 도덕적 통치의 완전성에 대해 깊은 관심을 갖게 되었다. 부당한 방법으로 용서를 받는 일은 나의 양심을 만족시켜 줄 수 없다는 생각도 했다. 나는 지은 죄에 대해서 벌을 받아야 했다. 따라서 의로우신 하나님께서 어떻게 나 같은 죄인을 의롭다고 하실 수 있을까 하는 의문이 생겼고, "하나님은 공의로우시면서 어떻게 죄인들을 의롭다고 하실 수 있을까?" 하고 자문해 보기도 했다. 결국 이 의문에 대해 아무런 해답도 찾을 수가 없었고 지치기만 했다. 나의 양심을 만족시켜 줄 만한 답변을 발견할 수 없었던 것이다.

속죄의 교리는 성경이 성령의 감동으로 기록되었다는 분명한 증거 가운데 하나라고 나는 확신한다. 공의의 통치자가 불의한 반역자를 위해 죽는다는 생각을 누가 감히 할 수 있었겠는가? 이것은 결코 인간의 신화의 가르침이나 시적인 공상이 아니다. 이 속죄의 방법은 사실이기 때문에 인간에게 알려진 것이다. 꾸며낸 이야기는 그것을 고안해낼 수 없다. 하나님 자신이 그것을 명령하셨다. 그것은 상상해낼 수 없는 것이다.

나는 어릴 때부터 예수님에 의한 구원 계획을 들었다. 그러나 내 영혼 깊숙한 곳에서는 그것을 알지 못했다. 빛은 있었지만 그 빛을 보지 못했던 것이다. 그래서 하나님께서 친히 그것을 내게 밝히 보여 주셔야 했다. 하나님의 공의를 위해 예수께서 화목 제물이 되셔야 했다는 사실을 성경에서 한번도 읽어 본 일이 없는 것처럼 그렇게 생생하게 내게 계시로 임했다.

나는 새로 태어난 하나님의 자녀들이 그 사실을 알게 될 때마다 그것이 계시로 임한다고 믿는다. 그것은 곧 주 예수 그리스도의 영광스런 속죄의 교리이다. 나는 구원이 속죄의 희생을 통해서만 가능하다는 것을 이해하게 되었다. 그런 대속의 희생은 예비되어 있었다. 성부와 동등하시고 영원하신 성자께서 이미 옛날부터 택하신 자들의 머리가 되심으로 그들을 위해 고난받으시고 그들을 구원하셨다는 사실을 알게 되었다.

우리가 처음 타락한 것은 개인적인 타락이 아니라 이미 우리의 조상인 첫 아담 안에서 이루어진 것이므로, 제 2의 아담으로서 택하신 백성들의 언약의 머리가 되신 예수 그리스도에 의해 회복되는 것이

가능한 것이다. 내가 실제로 범죄하기 이전에 이미 나의 첫 조상의 죄로 인해 타락했음을 알았고, 그러므로 두번째 머리요 대표자이신 예수님에 의해 다시 살 수 있다는 것을 깨닫고 기뻐했다. 아담에 의한 타락은 빠져나갈 구멍을 남겨 두었는데, 즉 두번째 아담이 첫번째 아담에 의해 생겨난 멸망을 회복시킬 수 있다는 것이다. 공의의 하나님께서 나를 어떻게 용서하실 수 있을까 매우 걱정하고 있을 때, 하나님의 아들이 사람이 되어 나의 죄를 짊어지시고 십자가에 달리신 것을 믿음으로 바라보고 깨닫게 되었다. 그가 징계를 받음으로 내가 화평을 얻었고, 그가 채찍에 맞음으로 내가 나음을 입었던 것이다.

친애하는 친구여, 당신은 이 사실을 깨달았는가? 하나님께서 죄값을 면해 주지도 않으시고 공의의 칼 끝을 무디게 하지도 않으시면서 어떻게 무한히 자비로우시며 그분에게 돌아오는 자를 의롭다 하실 수 있는지 이해하는가? 비교도 할 수 없는 영광스런 인성을 가지신 하나님의 아들 예수 그리스도께서 내게 임해야 할 율법의 요구를 대신 충족시키셨기에 하나님께서 나의 죄를 간과하실 수 있는 것이다. 하나님의 율법은 그리스도의 죽음으로 성취되었는데 이는 율법을 어긴 죄인들 모두를 지옥에 보낸다 하더라도 이루어질 수 없었던 것이다. 왜냐하면 인류의 죄를 위하여 하나님의 아들이 고난받으심은 온 인류가 고난당하는 것보다 훨씬 더 영광스러운 하나님의 통치의 성취이기 때문이다.

예수님은 우리를 대신하여 죽음의 형벌을 받으셨다. 얼마나 놀라운 일인가! 그는 십자가에 달리셨다. 이는 당신이 꼭 알아야 할 위대한 사건이다. 하나님의 아들이며 인자이신 예수님이 불의한 자를 대신하여, 우리를 하나님과 화해시키려고 십자가에 달리셔서 말로 다할 수 없는 고통을 당하셨다. 오, 영광스런 장면이여, 무죄한 분이 형벌을 받았도다! 거룩한 자가 정죄를 받았도다! 영원히 축복받아야 할 자가 저주를 받았도다! 무한히 영광스러우신 분이 부끄러운 죽음을 당했도다! 하나님의 아들의 고난을 바라보면 바라볼수록 그 고난은 바로 내가 받아 마땅한 고난임을 확신하게 된다.

그가 고통받아야 할 이유가 무엇인가? 우리가 받아야 할 형벌을 면케 하려 함이 아닌가? 그가 죽으심으로 우리의 형벌이 면해진 것이다. 따라서 그를 믿는 사람들은 형벌을 두려워할 필요가 없다. 속죄가 이루어졌으므로, 하나님은 영광의 보좌의 기초를 조금도 손상함이 없이, 율법의 일점도 어김이 없이 불의한 죄인들을 용서하실 수 있는 것이다. 이로써 양심도 이 중대한 질문에 대한 충분한 답변을 얻는다.

불의에 대한 하나님의 진노가 어떤 것이든지 이제 더 이상 두려워할 필요가 없다. 모세는 이렇게 말했다. "누가 주의 노의 능력을 알리이까?" 그러나 "어찌하여 나를 버리시나이까?"라는 영광의 주님의 부르짖음을 들으며 그의 영혼이 버림받음을 볼 때, 죄 없으신 분에 의하여 이루어진 온전한 순종과 끔찍한 죽음으로 말미암아 하나님의 공의가 충분히 이루어졌음을 알게 된다.

하나님께서 친히 세우신 율법에 하나님 자신이 순종하였을진대 더 이상 무엇이 필요한가? 인간의 범죄에 비해 주님의 속죄는 더 큰 것이다. 자발적으로 희생하신 주님의 사랑의 대양은 태산과 같은 우리의 죄를 다 덮고도 남는다. 우리의 대표자이신 예수 그리스도의 공로로 인해 하나님은 인간이 아무리 무가치하더라도 그들을 사랑하실 수 있다. 주 예수 그리스도께서 우리를 대신하셨다는 것은 기적 가운데 기적이다. 우리가 결코 감당할 수 없는 하나님 아버지의 의로우신 진노를 그리스도께서 친히 감당하심은 실로 기적인 것이다. 그리스도께서는 그 일을 이루셨다. "다 이루었도다."

하나님께서 그분의 독생자를 아끼지 아니하심으로 죄인을 용서하셨다. 하나님께서 당신의 온갖 허물을 간과하실 수 있는 것은 이천 년 전 그분의 독생자에게 모든 허물을 전가하셨기 때문이다. 당신이 예수를 믿는다면, 자기 백성을 위해 속죄양이 되신 그분에 의하여 당신의 모든 죄는 사라지게 된다.

그를 믿는다는 것은 무엇인가? 그것은 단지 "그분은 하나님이시요, 구세주이시다"라고 말하는 것이 아니라, 그를 전적으로 신뢰하여 지금부터 영원히 당신의 주이시며 구원자로 믿고 당신의 모든 것으로 영접하는 것이다. 만일 당신이 지금 예수를 마음속에 영접한다면 예수께서 이미 당신을 영접하신 것이다. 당신이 그를 믿으면 결단코 지옥에 가지 않는다고 말할 수 있다. 만일 그렇지 않다면 그리스도의 희생은 헛된 것이다.

영혼을 위한 그리스도의 희생이 참희생이 되려면, 그 영혼이 구원받아야 한다. 믿는 영혼이 정죄받는다면 그것을 어찌 희생이라 할 수 있겠는가? 예수님께서 나 대신 죽으셨다면 내가 왜 또 죽어야 하는가? 믿는 자마다 그 희생이 자신을 위한 것이라고 담대히 말할 수 있다. 믿음으로 그것을 붙잡고 자기의 것으로 삼음으로써 결코 멸망하지 않으리라는 확신 속에 안식을 누릴 수 있는 것이다. 하나님께서 이 희생 제물을 우리 대신으로 받지 않으신다면 우리는 죽음의 정죄를 받아야 한다. 하나님께서 독생자의 피에 기록되어진 사면장을 읽지 못하신다면 우리는 멸망할 수밖에 없다. 그러나 그것은 불가능한 일이다. 당신이 예수를 바라보고, 모든 죄인에게 자비의 원천이 되시는 그분 앞에서 처음부터 시작한다면 당신은 분명히 은혜를 입을 수 있다.

"그는 경건치 않은 자를 의롭다 하시느니라", "의롭다 하시는 이는 하나님이시니"라고 성경은 말한다. 바로 이러한 이유로 의롭다 함을 얻을 수 있으며, 이것은 독생자의 속죄의 희생을 통하여 이루어진다. 칭의는 이렇게 정당하게 이루어졌으므로 아무도 반문할 수 없다. 하늘이 변하고 땅이 변하는 무서운 심판 날에 이 칭의의 당위성을 부인할 자는 아무도 없을 것이다. "누가 정죄하리요? 죽으신 이는 그리스도시다. 하나님의 택하신 자들을 누가 송사하리요? 의롭다 하신 이는 하나님이시다."

아, 불쌍한 영혼이여! 당신의 모습 그대로 이 생명선에 오르지 않겠는가? 여기는 파선의 위험이 없는 안전한 곳이다! 확실한 구원을 받아들이라. 당신은 "나는 아무것도 없습니다" 하고 말할 것이다. 그러나 당신이 가져 올 것이라곤 아무것도 없다. 생명을 건지려는 자는 옷도 벗어 던져 놓은 채 달려올 것이다. 당신의 모습 그대로 이 생명선에 뛰어 오르라.

당신을 격려하기 위하여 나의 경우를 이야기해 보려고 한다. 하늘나라에 이르는 유일한 나의 소망은, 경건치 않은 자를 위해 갈보리 십자가에서 이루신 완전한 속죄에 달려 있다. 나는 그 십자가를 전적으로 의지하고 있다. 나의 소망에 어두운 그림자는 없다. 당신과 나는 같은 처지이다. 우리 모두가 신뢰의 기초로 생각할 만한 것은 그 외에 아무것도 없다. 우리 모두 손을 맞잡고 십자가 아래 서서 죄인을 위해 보혈을 흘려주신 그분께 우리 영혼을 의탁하자. 우리는 한 분, 같은 구세주에 의해 구원될 것이다. 당신이 그분을 신뢰하고도 멸망한다면 나 역시 멸망할 것이다. 내가 제시한 복음에 대한 나의 신뢰를 증명하기 위해 더 할 수 있는 일이 무엇이 있겠는가?

+4

죄로부터의 구원에 대하여

여기에서 내가 말하려는 것은, 그리스도 예수 안에 있는 믿음으로 말미암아 의롭게 되는 것을 이해하면서도 죄에서 벗어나지 못하는 사람들을 위한 것이다. 거룩해지기까지는 아무도 행복하거나, 안식을 누리거나, 영적으로 건강할 수 없다. 우리는 죄를 버려야 한다. 그러나 어떻게 죄를 버릴 수 있는가? 이것은 많은 사람들의 생사에 관련된 문제이다.

우리는 옛 사람의 본성이 강하므로 그 본성을 억누르고 길들이려고 무던히 애써 왔다. 그러나 정복되기는커녕 더욱 본색이 드러나고, 개선하려고 할수록 더 나빠진다. 마음은 이렇게 완악하고 의지는 고집스러우며 감정은 거칠고 사상은 억제할 수 없고 욕망은 난폭하여, 사람들은 자기 안에 마치 야수의 동굴이 있는 것처럼 느낀다. 우리의 타락한 본성에 대해, 주께서 악어에 대하여 욥에게 말씀하신 것과 같이 말할 수 있다. "네가 어찌 새를 놀리는 것같이 그것을 놀리겠으며 네 소녀들을 위하여 그것을 매어 두겠느냐"(욥 41:5). 타락한 본성 안에 있는 거친 세력들을 자신의 힘으로 제어하기를 기대하는 것은 사나운 북극의 바람을 손아귀에 쥐려는 것과 같다. 이것은 옛날 헤라클레스의 위업보다 더 큰 공적이 될 것이다. 여기에 하나님의 능력이 요청된다.

"나는 예수께서 나의 죄를 용서해 주실 것을 믿는다"고 말하는 사람이 또 한편 "그러나 나의 문제는 내가 다시 범죄하는 것과 내 안에 무서운 죄의 성향이 있다는 것이다"라고 말한다. 공중에 높이 던져진 돌이 맥없이 떨어지듯이 나도 열렬한 설교를 할 때는 하늘로 날아 오를 듯하다가 잠시 후 나약한 상태로 다시 돌아오고 만다. 쉽사리 죄에 현혹되어 주문에 이끌리듯 범죄하는 나의 모습이여, 나의 어리석음에서 벗어나지 못하는구나!

사랑하는 친구여, 우리의 타락한 상태에 대해 어떤 해결점이 없다면 구원이란 슬프게도 불완전한 사건이 되어 버릴 것이다. 우리는 죄를 용서받을 뿐 아니라 마음이 정화되기를 바란다. 성결 없는 칭의는 전혀 구원이 되지 못한다. 그런 것은 문둥이를 깨끗하다고 간주하고는, 그 병으로 죽게 내버려 두는 격이다. 또 반역자를 용서해 주고는 여전히 왕의 적으로 남아 있게 하는 격이다. 이런 일은 결과는 해결한 듯하나 원인은 내버려 둠으로써 우리에게 끝도 없고 소망도 없는 과업만 남겨 놓는 것이다. 잠깐 동안 그 흐름을 막는다 해도 부패의 원천을 내버려 두면 조만간 다시 부패가 넘쳐흐르게 마련이다.

주 예수께서 세 가지 면에서 죄를 제거하셨음을 기억하라. 죄의 형벌, 죄의 능력, 죄의 존재를 제거하시기 위해 예수님은 오셨다. 당신은 단번에 두번째 단계에 이를 수 있다. 즉 죄의 능력은 즉시 파괴되어질 수 있다. 그러고 나서 세번째 단계, 즉 죄의 존재가 제거되는 단계로 들어설 수 있다. "그가 우리 죄를 없이하려고 나타내신 바 된 것을 우리가 아노라"(요일 3:5 참조).
천사가 우리 주님에 대해 이렇게 말했다.

> "그 이름을 예수라 하라 이는 그가 자기 백성을 저희 죄에서 구원할 자이심이라"(마 1:21).

우리 주 예수님은 우리 안에 있는 마귀의 역사를 멸망시키기 위하여 오셨다. 주님이 탄생하실 때 선포된 말씀은 주님이 죽으실 때도 선포되었다. 로마 병사들이 십자가에 달리신 주님의 옆구리를 창으로 찌르자 피와 물이 흘러 나왔는데 이는 죄책과 죄의 부패로부터 해방되는 이중 구원을 설명해 주는 것이다.

만일 당신이 죄의 능력과 본성적인 죄의 성향으로 인해 고민하고 있다면 당신을 위한 언약이 있음을 기억하라. 그리고 이 언약을 굳게 잡아라. 이것은 확실한 은혜의 약속이다. 거짓말을 하실 수 없는 하나님께서 에스겔 36:26에서 이렇게 말씀하셨다.

> "또 새 영을 너희 속에 두고 새 마음을 너희에게 주되 너희 육신에서 굳은 마음을 제하고 부드러운 마음을 줄 것이며."

당신은 "두고", "주되", "제하고", "줄 것이며"라는 말을 기억하

라. 이는 자신의 모든 뜻을 이루실 수 있는 왕 중 왕의 말씀이다. 그분의 어떤 말씀도 땅에 떨어지지 않는다.

당신이 자신의 마음을 바꿀 수 없음을 주님은 잘 아신다. 당신이 스스로 본성을 깨끗이 할 수 없음도 잘 아신다. 그러나 주님은 두 가지를 다 하실 수 있다. 주님은 구스인의 피부를 바꾸실 수 있고 표범의 반점도 지우실 수 있다. 이 말을 들으라. 놀라운 말씀이다. 주님은 당신을 재창조하실 수 있다. 주님은 당신을 거듭나게 하실 수 있다. 이것이 은혜의 기적이다. 성령께서 이 일을 행하실 것이다.

어느 사람이 나이애가라 폭포 아래 서서, 말 한마디로 물이 거슬러 올라가게 한다면 이는 참으로 놀라운 이적일 것이다. 하나님의 능력이 아니고서는 이 일을 성취할 자는 없다. 당신의 본성이 바뀌어진다면 나이애가라를 거꾸로 흐르게 하는 것보다 더 큰 이적이 될 것이다. 하나님께는 이 모든 일이 가능하다. 하나님은 당신의 욕망의 방향과 생의 흐름을 바꾸어, 당신의 전 존재가 그분으로부터 멀어지지 않고 그분께 가까이 나아가도록 바꾸실 수 있다. 사실 주님은 언약 안에 있는 모든 사람에게 이 일을 약속해 주셨다. 성경은 모든 신자들이 언약 안에 있음을 말하고 있다. 말씀을 다시 한번 읽어보자. "또 새 영을 너희 속에 두고 새 마음을 너희에게 주되 너희 육신에서 굳은 마음을 제하고 부드러운 마음을 줄 것이며."

이 얼마나 놀라운 약속인가! 이 약속은 우리가 하나님의 영광에 이르도록 예수 그리스도 안에서 "예"가 되고 "아멘"이 된다. 이 언약을 굳게 잡자. 이것을 진리로 받아들이고 우리에게도 적용시키

자. 그리하면 이 언약이 분명코 우리 안에 이루어질 것이다. 날이 가고 해가 바뀌어도 하나님의 주권적 은혜가 우리 안에서 역사하는 것을 노래하지 않을 수 없을 것이다.

주께서 굳은 마음을 제하실 때 그 일이 온전히 이루어진다는 것을 잘 생각해 보아야 한다. 일단 주께서 새 마음을 넣어 주시면 이 세상 어떤 세력도 그분이 주신 새 마음, 우리 안에 주신 의의 영을 제하지 못한다. "하나님의 은사와 부르심에는 후회하심이 없느니라"(롬 11:29)는 말씀은 곧 그분 편에서 후회가 없다는 의미이다. 그분은 일단 주신 것을 제하지 않으신다. 그러므로 주님으로 하여금 당신을 새롭게 만드시도록 하라. 그러면 당신은 새로워질 것이다. 인간의 개혁과 수양은 곧 벽에 부딪히고 마는데, 이것은 개가 토한 것을 다시 먹는 것과 같다. 그러나 하나님께서 우리 마음에 새 마음을 부어 주시면 그것은 영원한 것이다. 결코 다시 굳어지지 않을 것이다. 우리의 마음을 새롭게 하신 하나님께서 그것을 보존해 주실 것이기 때문이다. 여기에 우리의 영원한 기쁨이 있다.

이 문제를 좀더 분명히 하기 위해 고양이와 돼지에 관한 롤런드 힐(Rowland Hill)의 예화를 들어보자. 우리 주님의 의미심장한 말씀, "너는 거듭나야 하겠다"는 뜻을 설명하기 위해서 내 나름대로 그 이야기를 해보겠다.

당신은 고양이를 본 일이 있는가? 고양이는 정말 깨끗한 동물이다. 혀와 앞발로 얼굴을 닦는 고양이는 얼마나 영리한가? 돼지가 세수하는 모습을 본 일이 있는가? 물론 본 일이 없을 것이다. 그런 일은 돼지의 본성에 어울리지 않는다. 돼지는 진흙탕에서 뒹구는 일을 더 좋아한다. 가서 돼지에게 목욕하는 법을 가르쳐 보라. 당신은 곧 그것이 얼마나 쓸데없는 짓인가를 알게 될 것이다. 아무리 큰 노력을 기울여서 돼지를 깨끗하게 하여도 헛수고에 불과하다. 당신이 강제로 돼지를 목욕시킬 수는 있을 것이다. 그러나 곧 돼지는 다시 진흙탕으로 돌아가 자기 몸을 전과 같이 더럽힌다. 당신이 돼지를 깨끗이 할 수 있는 방법은 오직 한 가지, 즉 돼지를 고양이로 바꾸는 일이다. 그러면 그 돼지는 스스로 목욕하고 깨끗해질 것이다. 그렇지 않고서는 돼지가 고양이와 같이 깨끗해질 수는 없는 것이다! 그런 변화가 이루어질 수 있다면 어렵고 불가능하게 보였던 일이 아주 쉽게 해결될 것이다. 그렇게만 된다면 돼지를 당신의 응접실에 들일 수도 있고 의자에 앉힐 수도 있다.

경건치 못한 사람도 이와 마찬가지다. 당신은 경건치 못한 사람으로 하여금 거듭난 사람이 기쁘게 하는 일을 하게 할 수 없다. 당신은 그를 교육시키고 좋은 예를 보여 줄 수 있다. 그러나 그가 거룩을 결코 배울 수 없는 것은 그의 마음에 거룩이 없고 그의 본성이 그를 다른 방향으로 이끌고 가기 때문이다. 그러나 주께서 그에게 새로운 마음을 주시면 모든 것이 달라진다. 이 변화가 너무나 크므로 어떤 회심자는 이렇게 말했다. "온 세상이 변했든지 내가 변했든지 둘 중의 하나다." 옛 사람이 불의의 길을 본성적으로 따라가듯 새 사람은 본성적으로 의의 길을 따른다. 그런 본성을 받게 되는 일이 얼마나 큰 축복인가! 성령만이 그 마음을 주실 수 있다.

하나님께서 새 마음과 새 영을 주시는 일이 얼마나 놀라운 일인지 감격한 적이 있는가? 당신은, 바닷가재가 싸우다가 다리를 잃지만 다시 다리가 돋아나는 것을 본 일이 있을 것이다. 그것도 놀라운 일이지만 사람이 새 마음을 부여받을 수 있다는 것은 더욱 놀라운 사실이다. 이것은 정말 자연의 능력을 초월하는 것이다. 나무 한 그루가 있다고 하자. 나무의 가지를 자르면 그 자리에 새로운 가지가 돋아난다. 그러나 당신은 그 나무의 본성을 바꿀 수 있는가? 나무의 쓴 수액을 달게 할 수 있는가? 가시나무를 무화과나무로 바꿀 수 있는가? 당신은 그 나무에 더 좋은 나무를 접붙일 수는 있다. 이것은 자연이 은혜의 역사에 대하여 우리에게 제공하는 유비이다. 그러나 그 나무의 생명이 되는 수액을 근본적으로 바꾸는 일은 기적이다. 그렇게 경이롭고 신비한 하나님의 능력이 예수를 믿는 모든 사람 안에서 역사한다.

만일 당신이 자신을 하나님의 거룩한 사역에 맡기면 주님은 당신의 본성을 변화시키실 것이다. 그분은 옛본성을 복종시키시고 새로운 생명을 불어넣어 주실 것이다. 주 예수 그리스도를 신뢰하라. 그분이 당신의 육신으로부터 굳은 마음, 돌과 같은 마음을 제하시고 새로운 마음을 심어 주실 것이다. 그리하여 굳어진 모든 것이 다 부드러워질 것이다. 사악한 모든 것이 다 선해질 것이다. 밑으로만 내려가던 모든 것이 맹렬한 힘으로 위로 치솟을 것이다. 사나운 사자가 유순한 양에게 자리를 내어 줄 것이고, 부정한 까마귀가 순결한 비둘기 앞에서 날아갈 것이며, 사악한 뱀이 진리의 발 아래 짓밟힐 것이다.

나는 이런 도덕적이며 영적인 놀라운 변화를 지금까지 많이 보아 왔기 때문에 그 누구도 포기하지 않는다. 부정한 여자들이 눈과 같이 깨끗해지고, 신성을 모독하던 남성들이 기쁨에 넘쳐 열렬한 헌신을 하는 것을 수없이 보아 왔다. 도둑들이 정직한 사람으로, 술주정뱅이가 정숙한 사람으로, 사기꾼이 신실한 사람으로, 냉소적이던 사람이 열렬한 신자로 변한다. 하나님의 은혜를 받는 사람이면 누구든지 불경건과 세속적인 욕망을 부인하고, 죄 많은 세상에서도 정결하고 의롭고 거룩하게 살게 된다. 친애하는 독자여, 이 놀라운 일이 당신에게도 이루어질 수 있다.

"나는 이런 변화를 일으킬 수 없어" 하고 어떤 사람은 말한다. 누가 당신이 할 수 있다고 말하는가? 우리가 지금까지 인용한 성구는 사람이 할 수 있다고 말하지 않고 하나님이 하실 수 있다고 말한다. 이것이 하나님의 언약이다. 그분은 자신의 약속을 꼭 이루신다. 그 말씀을 당신에게 이루실 하나님을 의지하라. 그리하면 이루어진다.

그러나 어떻게 이루어지는가? 당신이 해야 할 일은 무엇인가? 당신이 주님을 믿기 전에 그분이 먼저 자신의 방법을 설명해 주셔야 하는가? 이 일에 있어서 주께서 하시는 일은 큰 신비이다. 성령께서 이 일을 이루신다. 약속을 하는 사람은 그 약속을 지킬 책임이 있다. 이 놀라운 변화를 약속하신 하나님은 예수를 영접하는 모든 사람 안에서 이 변화를 분명히 성취하실 것이다. 하나님은 예수를 영접하는 자에게 그분의 자녀가 되는 권세를 주시기 때문이다. 그것을 믿기 바란다. 그 일이 큰 이적이긴 하지만 은혜로우신 주님께서 그 일을 하실 능력이 있고 당신을 위해 기꺼이 그 일을 이루실 것을 믿자.

하나님은 거짓말을 하시지 않는다. 새 마음과 새 영을 주시리라는 말씀을 믿으라. 하나님은 그것을 당신에게 주실 수 있다! 하나님께서 당신에게 그 약속을 믿는 믿음을 주시고 하나님과 아들과 성령을 믿는 믿음을 주시기를! 찬송과 존귀와 영광이 영원 무궁토록 그분에게 있을지어다! 아멘.

+5

은혜로 인하여 믿음으로

"너희가 그 은혜를 인하여 믿음으로 말미암아 구원을 얻었나니 이것이 너희에게서 난 것이 아니요 하나님의 선물이라"
(엡 2:8).

하나님의 은혜인 우리 구원의 원천에 대하여 경외하는 마음으로 고찰해 보기를 바란다. "너희가 그 은혜를 인하여…… 구원을 얻었다"고 성경은 말한다. 하나님께서 은혜로우시기 때문에 죄인들이 용서받고 회개하고 성결케 되고 구원받는다. 죄인들 안에 무엇이 있거나, 장차 무엇이 있을 수 있기 때문에 구원받는 것이 아니라 오직 하나님의 무한하신 사랑과 선과 자비와 긍휼과 은혜로 말미암아 구원받는 것이다. 잠시 이 구원의 원천에 대하여 생각해 보자. 생명수인 정결한 강물을 바라보자! 그것은 하나님과 어린양의 보좌로부터 흘러나온다!

하나님의 은혜는 얼마나 깊은 심연인가! 그 넓이를 누가 측량할 수 있는가? 그 깊이를 누가 헤아릴 수 있는가? 하나님의 여러 속성과 같이 은혜는 무한한 것이다. 하나님은 사랑이시기 때문에 사랑으로 충만하시다. 또한 하나님은 선으로 충만해 계시다. 하나님(God)은 선(Good)의 약자이다. 무한한 선과 사랑은 하나님의 본질에 속하는 것이다. 사람들이 멸망하지 않는 것은 그분의 자비가 영원하시기 때문이다. 죄인들이 용납되고 용서받는 것은 그분의 긍휼이 무궁하시기 때문이다.

이 점을 잘 기억하라. 그렇지 않으면 당신은 구원의 통로인 믿음에만 몰두하여 믿음의 원천이요 근원인 은혜에 대해 망각하는 잘못을 저지르기 쉽다. 믿음은 우리 안에 있는 하나님의 은혜의 사역이다. 성령에 의하지 아니하고는 아무도 예수가 그리스도라고 말할 수 없다. "나를 보내신 아버지께서 이끌지 아니하시면 아무도 내게 올 수 없다"고 주님은 말씀하셨다. 그러므로 그리스도께 나오는 믿음도 하나님께서 이끄신 결과이다. 은혜는 구원의 첫번째요 마지막 원인이다. 믿음은 필수이긴 하지만 은혜가 사용하는 중요한 수단에 불과하다. 우리는 믿음을 통하여 구원받으나 구원은 은혜로 인한 것이다. 이 말을 천사장의 나팔소리와 같이 크게 외쳐 보자. "은혜로 너희가 구원받았느니라." 가치 없는 죄인에게 이 얼마나 기쁜 소리인가?

믿음은 수로나 도관의 역할을 한다. 은혜는 샘의 근원이다. 믿음은 자비의 물줄기가 흘러가는 통로와 같은 것으로, 이 통로를 통해 흐르는 물로 목마른 사람이 소생함을 얻는다. 이 통로가 파괴되는 것은 큰 비극이다. 로마에 가 보면 유감스럽게도 더 이상 물을 흘러

보내지 못하는 많은 수로들을 볼 수 있는데 그 이유는 많은 아치들이 부서졌기 때문이다. 수로는 물을 통과시킬 수 있도록 완전히 보존되어야 한다. 이와 같이 믿음도 진실하고 건전하여 우리와 하나님 사이를 잘 연결시켜 줌으로써 영혼을 위한 자비의 통로가 되어야 한다.

믿음은 통로이지 근원이 아님을 다시 한번 강조하고자 한다. 따라서 믿음을, 하나님의 은혜 안에 있는 모든 축복의 근원보다 더 높이 평가하지 말기를 바란다. 당신의 믿음으로 그리스도를 만들어 내지 말라. 믿음이 마치 당신의 구원의 독립적 원천인 것처럼 생각하지 말라. 우리의 생명은 예수를 바라봄에 있는 것이지 우리의 믿음을 바라보는 데 있지 않다. 믿음으로 모든 것이 우리에게 가능해지지만, 능력은 우리의 믿음 안에 있는 것이 아니라 믿음의 근원이신 하나님께 있는 것이다.

은혜는 기관차와 같고 믿음은 사슬과 같아서 영혼이라는 객차를 기관차의 동력에 연결시켜 준다. 믿음의 의는, 믿음 자체의 도덕적 우수성에 있는 것이 아니라 믿음의 근거가 되는 예수 그리스도의 의에 있는 것이다. 우리 영혼 안에 있는 평화는 우리 자신의 믿음을 묵상함으로 생기는 것이 아니라 우리의 평화이신 그분으로부터 오는 것이다. 믿음이 그분의 옷깃을 만지면 그 능력이 우리의 영혼에 전해진다.

사랑하는 친구여, 당신의 믿음이 연약하여 멸망하는 것이 아님을 알라. 떨리는 손으로도 가장 귀한 선물을 받을 수 있다. 우리가 겨자씨 만한 믿음이 있어도 주님의 구원이 우리에게 임할 수 있다. 구원의 능력은 하나님의 은혜에 달려 있는 것이지 우리의 믿음에 좌우되는 것이 아니다. 위대한 메시지가 가느다란 전화줄을 통해서도 전달되는 것같이, 화평을 전하는 성령의 증거는 그 무게를 측량할 수 없으리만치 작은 믿음을 통해서도 우리 마음에 도달될 수 있다. 당신은 자신을 바라보는 데서 벗어나 오직 예수님만 바라보아야 한다. 하나님의 은혜가 예수 그리스도 안에 계시되어 있기 때문이다.

믿음이란 무엇인가

"너희가 그 은혜를 인하여 믿음으로 말미암아 구원을 얻었나니"라는 성경 말씀에서 믿음이란 무슨 뜻인가?

믿음에 대한 설명은 아주 많다. 그러나 내가 접한 모든 정의들은 믿음에 대한 이해를 더해 주지 못했다. 한 흑인은 위에서 인용한 성경 본문을 읽고 나서 더 혼란스러웠다고 말한 일이 있다. 그가 그 말의 뜻을 이해하려고 노력해도 그렇게 되기가 쉽다. 우리가 믿음을 설명해도 아무도 그것을 이해하지 못할 수 있다. 나도 그런 잘못을 범하지 않기를 바란다. 믿음이란 무엇보다 단순한 것이다. 그 단순성 때문에 설명하기 더 어려운 것 같다.

믿음이란 무엇인가? 그것은 세 가지로 이루어져 있는데, 바로 지식, 믿음, 신뢰이다. 여기서 지식이 맨 앞에 온다. 그래서 성경은 "듣지도 못한 이를 어찌 믿으리요"(롬 10:14) 하고 말한다. 나는 어떤 사실을 믿기 전에 그것에 대해 잘 알기를 원한다. 믿음은 들음에서 나온다. 우리는 무엇을 믿어야 하는가를 알기 위해 먼저 들어야 한다. "주의 이름을 아는 자는 주를 의지하오리니"(시 9:10)라고 했다.

어느 정도의 지식이 신앙에 반드시 필요하다. 따라서 지식을 얻는 것이 중요하다. "너희는 귀를 기울이고 내게 나아와 들으라 그리하면 너희 영혼이 살리라"(사 55:3) 하고 옛 선지자는 말했다. 이것은 오늘날 우리에게도 복음의 말씀이 된다. 성경을 찾아서 성령께서 그리스도와 구원에 대하여 가르쳐 주시는 바를 배우라. 하나님을 알기 위하여 구하라. "하나님께 나아가는 자는 반드시 그가 계신 것과 또한 그가 자기를 찾는 자들에게 상 주시는 이심을 믿어야 할지니라"(히 11:6)고 성경은 말한다. 성령께서 당신에게 지식의 영과 주님을 경외하는 영을 주시기 바란다.

복음을 알라. 복된 소식이 무엇인지 알라. 복음이 값없는 사죄에 대하여, 심령의 변화와 하나님의 자녀가 되는 일에 대하여, 그리고 셀 수 없는 여러 축복에 관하여 어떻게 말하는가를 알아 보라.

하나님의 아들이시요, 우리의 구세주이신 예수 그리스도에 대하여 특히 잘 알아야 한다. 예수 그리스도는 인성으로는 우리와 같지만 하나님과 일체이시다. 그러므로 하나님과 인간 사이의 중보자가 되실 수 있고 양쪽에 손을 뻗쳐 죄인과 만유의 심판자 사이에 다리를 놓으실 수 있다. 그리스도 예수에 대하여 더욱더 알기를 힘쓰라. 특히 그리스도의 희생 교리에 대하여 알기를 힘쓰라. 구원하는 믿음에 있어서 이 점이 제일 중요하다. "하나님께서 그리스도 안에 계시사 세상을 자기와 화목하게 하시며 저희의 죄를 저희에게 돌리지 아니하셨도다"(고후 5:19)라고 성경은 말한다. 예수께서 "우리를 위하여 저주를 받은 바 되사 율법의 저주에서 우리를 속량하셨으니 기록된 바 나무에 달린 자마다 저주 아래 있는 자라"(갈 3:13) 하였음을 알라. 그리스도의 대속의 교리에 대하여 철저히 묵상하라. 죄 있는 인간들에게 최상의 위로가 여기에 있다. 그로 "우리를 대신하여 죄를 삼으신 것은 우리로 하여금 저의 안에서 하나님의 의가 되게 하려 하심이니라"(고후 5:21). 믿음은 지식에서 시작한다.

우리는 이 모든 일이 참임을 알고 믿는다. 우리 영혼은 하나님이 계신 것과 그분이 간절한 심령의 부르짖음을 들으신다는 것, 그리고 복음이 하나님으로부터 나온 것임을 믿는다. 믿음으로 의롭다 함을 받는 것은 하나님께서 이 마지막 때에 전보다 더 분명히 그분의 성령으로 계시하신 위대한 진리이다. 그러므로 우리는 예수께서 하나님이시며 구세주 되시고, 구속주 되시며, 또한 그 백성들의 선지자요, 제사장이며 왕이심을 믿는다. 이 모든 것은 확실한 진리로 의심 없이 받아들여진다. 당신이 지금 이 진리에 이르기를 간절히 기도하는 바이다.

하나님의 독생자 예수 그리스도의 피가 우리를 모든 죄에서 깨끗게 하신 것을 굳게 믿으라. 그리스도의 희생은 완전한 것으로, 하나님께서 인간을 위하여 이 희생을 온전히 받으셨으므로 예수를 믿는 자들은 정죄받지 않는다. 여러 다른 말들을 믿듯이 이 진리들을 믿으라. 보통 일반적 믿음과 구원받는 믿음과의 차이는 그 믿음을 어떤 주제에 적용시키는가에 달려 있다. 당신이 부모 형제의 말을 믿듯이 하나님의 말씀을 믿으라. "만일 우리가 사람들의 증거를 받을진대 하나님의 증거는 더욱 크도다" 하고 성경은 말한다.

당신이 이 믿음에까지 이르렀으면 한 가지 더 필요한 요소가 있는데 그것은 신뢰이다. 당신 자신을 자비로우신 하나님께 맡기라. 당신의 소망을 이 은혜로운 복음에 두라. 죽으셨다가 다시 살아나신 구세주께 당신의 영혼을 의탁하라. 속죄의 피에 당신의 죄를 씻어 버리라. 주님의 완전한 의를 받아들이라. 그러면 모든 것이 잘될 것이다.

신뢰란 믿음의 생명이다. 이 신뢰 없이는 구원하는 믿음이 되지 못한다. 청교도들은 "기댐"(recumbency)이라는 말로 믿음을 설명하곤 했다. 어떤 것에 몸을 기댄다는 뜻이다. 당신의 온 몸을 그리스도께 기대라. 만세 반석 위에 온 몸을 쭉 뻗고 드러눕는 것을 생각하면 된다. 예수님을 의지하라. 그 안에서 안식을 얻고 그분께 자신을 맡기라. 그렇게 하는 것이 구원에 이르는 믿음을 행사하는 것이다.

믿음은 맹목적인 일이 아니다. 그것은 지식과 함께 시작하기 때문이다. 믿음은 추상적인 것도 아니다. 그것은 확실한 사실을 믿기 때문이다. 믿음은 비실제적이거나 꿈 같은 것도 아니다. 그것은 계시된 진리를 신뢰하고 그 진리에 운명을 맡기기 때문이다. 믿음이 무엇인지 지금까지 설명하였다. 그렇지만 지금까지의 설명이 오히려 혼란이 되지 않을까 걱정스럽다.

좀더 설명하자면, 믿음이란 그리스도에 관해 기록된 성경 말씀을 그대로 믿고, 그분이 약속하신 것을 반드시 이루실 것을 믿으며 또 주님께 그것을 기대하는 것이다. 성경은 예수 그리스도를 하나님, 곧 육신을 입으신 하나님이라고 말한다. 또한 완전한 인격을 가지셨고 우리를 위해 속죄물이 되셨으며 우리의 죄를 자신의 몸에 걸머지고 십자가에서 죽으셨다고 말한다. 성경은 그분이 우리의 허물과 죄의 문제를 해결하시고 영원한 의를 가져 오셨다고 말한다. 예수님이 "죽은 자들 가운데서 다시 살아나시고", "항상 살아서 우리를 위하여 간구하시며", 영광 가운데 올리워 가시고, 그분의 백성들을 위해 하늘 나라를 예비해 놓으셨으며 다시 오셔서 "의로 세계를 판단하시며 공평으로 그 백성을 판단하시리라"(시 98:9)고 성경은 계속하여 말한다.

우리는 반드시 그렇게 되리라고 굳게 믿는다. "이는 내 사랑하는 아들이니 너희는 저의 말을 들으라"(막 9:7)고 하나님 아버지께서 증거하셨기 때문이다. 이것은 또한 성령 하나님의 증거이다. 성령은 영감된 말씀과 이적들을 통해서, 그리고 사람들의 마음에 역사하심으로 그리스도에 대하여 증거하셨다. 우리는 이 증거들이 참임을 믿어야 할 것이다.

믿음이란 그리스도께서 약속하신 것을 반드시 이루실 것을 믿는 것이다. 그분에게 오는 자는 결코 내어쫓지 않겠다고 약속하셨으므로, 우리가 그분에게 나아갈 때 우리를 내어쫓지 않으실 것은 확실하다. 주님께서 "나의 주는 물은 그 속에서 영생하도록 솟아나는 샘물이 되리라"(요 4:14)고 말씀하셨기 때문에 그것이 참임을 확신하는 것이 믿음이다. 그러므로 우리가 그리스도로부터 이 생명수를 받아 마시면 그것이 우리 안에 거할 것이며 거룩한 생명이 우리 안에 샘솟을 것이다. 그리스도께서 약속하신 것은 무엇이든지 그분이 이루실 것이다. 우리는 그분으로부터 사죄와 칭의와 보호와 영원한 영광을 구하기 위하여 이 사실을 믿어야 한다. 그분은 자신을 믿는 자에게 이 모든 것을 약속하셨다.

다음 단계는 신뢰이다. 예수님은 성경에 기록된 그대로이며 약속하신 것은 반드시 이루신다. 그러므로 우리는 모두 그분을 신뢰하고 이렇게 말해야 한다. "예수님에 관한 성경 말씀은 모두 참이며, 그분은 약속하신 것을 반드시 이루실 것이다. 나를 구원하시겠다고 약속하신 그분의 손에 나를 맡기자. 그분이 말씀하신 약속을 의지하자." 이것은 구원에 이르는 믿음이요, 이 믿음을 갖는 자가 영생을 소유한다. 어떠한 위험과 곤란에 처하든지, 어둠과 좌절이 얼마나 깊든지, 허물과 죄가 어떠하든지, 그리스도 예수를 믿는 자는 정죄받지 않는다.

나의 지금까지의 설명이 도움이 되기를 간절히 원한다. 성령께서 이 설명을 사용하셔서 나의 독자들을 즉시 화평 가운데로 인도하시리라 믿는다. 두려워 말고 믿기만 하라. 신뢰하라. 그리고 안식을 얻으라.

나는 독자들이 지금까지의 설명을 이해하는 것으로 만족할까 봐 염려된다. 결코 그래서는 안 된다. 아무리 넓고 깊은 이해가 있다 할지라도 그것이 사색에 머무는 한 실제적으로 역사하는 겨자씨 만한 믿음만도 못하다. 더 중요한 것은 주 예수를 즉시 믿는 것이다. 구별과 정의 같은 것에 너무 마음을 두지 말라. 배고픈 사람은 먹는다. 비록 그는 음식이 어떻게 요리되는지, 입 안에서 어떻게 소화 효소가 나오는지, 소화의 절차가 어떤지 이해하지 못하지만 먹기 때문에 살 수 있는 것이다. 아무리 영양학에 조예가 깊은 사람이라도 먹지 않으면 죽는다. 믿음의 교리를 이해하면서도 믿지 않기 때문에 지옥에 가는 사람이 많다. 반면에 자기 신앙을 정확히 지적으로 정의하지는 못하지만 예수 그리스도를 신뢰하므로 구원받는 자 또한 많다. 친애하는 독자여, 당신의 영혼 속에 주 예수를 영접하라. 그러면 당신은 영생을 얻을 것이다. 성경은 "그를 믿는 자는 영생을 얻었다"고 말한다.

믿음에 대한 설명

믿음에 관하여 좀더 분명히 설명하기 위해 몇 가지 실례를 제시하고자 한다. 궁극적으로 독자들이 이해할 수 있도록 하는 일은 오직 성령께서 하실 수 있지만, 내가 할 수 있는 모든 방법을 통해 설명하고 주 하나님께서 여러분의 눈을 열어 주시도록 기도하는 것은 나의 의무요, 기쁨이다. 독자들도 나와 같이 기도하기를 간절히 바란다.

우리로 하여금 구원을 얻게 하는 믿음은 우리의 여러 신체 기관을 통해 설명할 수 있다.

믿음은 보는 눈과 같다. 우리는 눈을 통하여 먼 데 있는 것을 마음속에 들어오게 한다. 태양과 저 멀리 반짝이는 별들을 한번 바라봄으로 내 마음속에 이끌어 올 수 있다. 이와 같이 믿음으로 우리는 주 예수를 가까이 모실 수 있다. 주 예수는 멀리 하늘 나라에 계시지만 우리의 마음속에 들어오신다. 예수님만 바라보라.

어느 성도는 이 진리를 깨닫고 다음과 같이 노래했다.

십자가에 달리신 분 바라볼 때 생명 있도다.

바라보는 순간 생명 있도다.

믿음은 붙잡는 손과 같다. 우리가 손으로 물건을 붙잡는 것처럼 믿음으로 그리스도를 소유하고 믿음으로 그의 구원의 축복을 누린다. 믿음은 "예수는 나의 소유"라고 말한다. 믿음은 속죄의 피에 대해서 주의 깊게 듣고 이렇게 외친다. "나는 그 피를, 나의 죄를 사해 주는 것으로 받아들인다." 믿음은 예수 그리스도의 유산을 자기의 것으로 삼는다. 즉 믿음은 그리스도의 상속자이기 때문에, 예수 그리스도의 죽음으로 말미암은 모든 결과가 다 그의 것이 된다. 그리스도는 자신과 자신의 모든 것을 믿음에게 내어 주셨다.

친구여, 은혜로 말미암아 당신에게 주어진 이 모든 것을 받아들이라. 그렇다고 당신이 도둑이 되는 것은 아니다. 이미 당신은 하나님의 허락을 받았기 때문이다. "또 원하는 자는 값없이 생명수를 받으라 하시더라"(계 22:17). 손을 뻗치기만 하면 자기의 것으로 만들 수 있는 보물을 두고서도 가난하게 생활한다면 그는 분명 어리석은 사람일 것이다.

믿음은 그리스도로 양식을 삼는 입과 같다. 음식이 우리의 몸에 영양분을 줄 수 있으려면 먼저 음식이 우리 몸에 들어가야 한다. 이 먹고 마시는 일은 아주 간단하다. 입으로 음식을 받아 그것을 식도를 통해 보내고, 소화 흡수함으로 신체의 각 기관을 튼튼하게 해준다. 사도 바울은 로마서 10:8에서 "말씀이 네게 가까와 네 입에 있으며"라고 말했다. 그러므로 우리가 해야 할 일은 그것을 삼켜서 우리의 영혼 속으로 들어가게 하는 것이다. 사람은 누구나 먹고자 하는 욕망이 있다! 굶주린 자가 자기 앞에 놓인 고기를 보면 그것을 먹는 방법을 배울 필요도 없다. 어떤 사람은 "칼과 포크와 기회만 주십시오"라고 말했다. 나머지는 아주 완벽하게 준비되어 있었다.

그리스도를 향해 굶주리고 목말라 하는 사람들은, 그리스도께서 모든 사람에게 내어 준 바 되셨음을 반드시 깨달아야 한다. 그리하면 그 심령은 즉시 그리스도를 영접할 것이다. 만일 여러분이 이러한 상황에 있다면 예수 그리스도를 영접하기를 주저하지 말라. 그 일로는 결코 책망받지 않을 것이다. "누구든지 그리스도를 영접하는 자에게는 하나님의 자녀가 되는 권세를 주셨다"(요 1:12 참조)고 성경은 말한다. 그리스도는 아무도 거절하지 아니하시고 영원토록 하나님의 자녀가 되는 권세를 주신다.

우리는 일상 생활을 통하여 믿음에 대한 예시를 허다하게 찾아 볼 수 있다. 농부들의 경우를 보자. 그들은 좋은 씨를 골라 땅에 심은 후, 싹이 트고 자라는 것뿐 아니라 많은 수확을 기대한다. 농부는 씨 뿌리는 때가 있으면 수확의 때가 있다는 자연의 약속을 믿고 있으며, 그 믿음에 따라 보상을 받는다. 상인은 자기의 돈을 은행에 예치한다. 이는 은행의 공신력을 믿기 때문이다. 다른 사람의 손에 재산을 맡기고도 자기 집의 금고에 보관하는 것보다 더 안심한다.

선원은 바다에 자신을 내맡긴다. 헤엄을 칠 때 발이 땅에 닿지 않지만 바다의 부력에 자신의 생명을 의지한다. 자신의 몸을 전적으로 물에 맡기지 않고서는 헤엄칠 수 없다.

금 세공인들이 귀금속을 불에 집어넣을 때, 그 불은 귀금속들을 다 녹여 없애 버릴 것 같다. 그러나 세공인들은 고열로 달구어진 용광로에서 그 금속들을 다시 꺼낼 수 있음을 믿는다.

인간과 인간, 인간과 자연 법칙 사이의 상호 작용에 대한 믿음이 없으면 당신은 인생을 어느 방향으로도 이끌지 못한다. 우리가 일상 생활에서 믿음을 갖고 있듯이, 이제 그리스도 예수 안에서 자신을 계시하시는 하나님을 신뢰하자.

믿음은 지식이나 은혜 안에서의 성장 정도에 따라 모든 사람에게 다양하게 존재한다. 믿음이란 단순히 그리스도에게 매달리는 것이다. 신뢰감과 기꺼이 의지하려는 마음이다. 여러분이 바닷가에 나가 보면 바위에 꼭 달라붙어 있는 조개 따위를 볼 것이다. 바위로 살짝 다가가서 지팡이 같은 것으로 그 조개를 재빨리 탁 치면 그 조개는 떨어진다. 그러나 그 옆에 있는 조개를 그렇게 쳐 보라. 당신은 이미 그 조개에게 경고를 주었다. 즉 당신이 지팡이로 친 소리를 이미 들었기 때문에 그 조개는 바위에 온 힘을 다해 달라붙어 있어서 당신이 아무리 떼려고 애써도 떨어지지 않는다. 치고 또 쳐봐야 바위만 때릴 뿐 헛수고이다.

사랑하는 친구여, 그 조개는 아무 지식도 없다. 단지 바위에 붙어 있을 뿐이다. 조개가 바위의 지질학적 구조를 알 리 없다. 그것은 붙어 있는 것이다. 그는 붙어 있을 수 있는 능력이 있고, 또 붙어 있을 대상을 찾았다. 이것이 조개가 갖고 있는 지식의 전부이다. 이 단순한 지식을 사용하여 자신의 안전과 구원을 유지한다. 조개는 바위에 붙어 있으므로 생명을 보존할 수 있다. 이와 같이 죄인들은 예수님께 붙어 있으므로 생명을 보존한다.

사실 수많은 하나님의 자녀들이 가지고 있는 믿음도 이 정도에 불과하다. 그들은 온 마음과 영혼을 다해 예수님께 매달려 있을 정도의 지식을 가지고 있으며, 이것으로 충분히 현재의 평안과 영원한 안정을 얻는다. 예수 그리스도는 이런 사람들에게 강하고 능력 있는 구세주가 되시며 변치 않고 요동치 않는 반석이 되신다. 그들은 자신의 생명을 위해 예수 그리스도에게 매달려야 한다. 이 매달림이 자신을 구원한다.

독자여, 당신은 이렇게 매달릴 수 없는가? 지금 매달리라.

믿음은 다른 사람의 우월성을 깨닫고 그 사람을 의지할 때 나타난다. 이런 믿음은 고차원적인 것이다. 즉 의지해야 할 이유를 알고 그에 따라 행동하는 마음이다. 나는 조개 따위가 바위에 대해 무엇을 안다고 생각하지 않는다. 그러나 믿음은 자라면서 더욱 분별력을 갖게 된다. 장님이 안내자에게 자신을 맡기는 이유는 그의 안내자가 볼 수 있다는 것을 알기 때문이다. 그러므로 그를 신뢰하고 안내하는 대로 따라간다. 날 때부터 장님인 사람이라면 본다는 것이 무엇인지 모른다. 그러나 그는 보는 것이 있다는 것을 알고 있으며, 그 볼 수 있는 능력을 친구가 갖고 있음을 안다. 따라서 그는 안심하고 볼 수 있는 사람의 손을 붙잡고 그가 인도하는 대로 따라간다. 그러므로 "우리가 믿음으로 행하고 보는 것으로 하지 아니함이로라"(고후 5:7), "보지 못하고 믿는 자들은 복되도다"(요 20:29)라고 성경은 말한다. 이런 말씀은 믿음을 잘 보여 주는 말씀이다.

예수 그리스도에게는 우리가 가지고 있지 못한 공로와 능력과 축복이 있으므로, 우리는 그분께 우리 자신을 맡기고 의지한다. 장님이 그의 안내자를 신뢰하듯 우리는 예수 그리스도를 신뢰한다. 그분은 결단코 우리의 신뢰를 저버리지 않으신다. "예수는 하나님께로서 나와서 우리에게 지혜와 의로움과 거룩함과 구속함이 되셨다"(고전 1:30).

학생들은 배우는 동안 믿음이 있어야 한다. 교사는 지리를 가르치면서 지구의 형태와 큰 도시들과 제국들에 대하여 가르친다. 학생들은 이 모든 사실들이 참인지 알지 못한다. 다만 선생님과 그들이 갖고 있는 책이 참사실들을 말하고 있다고 믿을 뿐이다.

당신이 구원받기 위해서 그리스도에 대하여 가져야 할 태도는 바로 이것이다. 당신은 단순히 그리스도께서 말씀하여 주시기 때문에 알며, 그리스도께서 단언하시기 때문에 믿어야 한다. 그리고 그 결과 구원이 임하리라는 것을 약속하여 주시므로 그를 신뢰하여야 한다. 당신과 내가 알고 있는 거의 모든 사실들은 믿음으로 알게 된 것이다. 많은 과학적 발견들이 이루어졌고 우리는 그것들을 믿는다. 어떤 근거로 그것을 믿는가? 이미 명망이 높은 저명한 학자들의 권위에 의해서다. 우리가 직접 실험을 하거나 그들의 실험을 본 일이 없다. 그러나 우리들은 그들의 증거를 믿는다. 예수 그리스도에 대해서도 이와 같아야 한다. 주께서 여러분에게 어떤 진리들을 가르치시기 때문에, 당신은 그의 제자가 되며 그의 말씀을 믿어야 한다. 또 주께서 어떤 일들을 행하셨기 때문에 당신은 그에게 의뢰해야 하며 우리 자신을 그에게 맡겨야 한다. 예수 그리스도는 당신보다 무한히 뛰어나시므로, 당신은 그를 주님으로 모시고 신뢰해야 한다. 만일 당신이 주님을 영접하고 그의 말씀을 받아들이면 당신은 분명히 구원받을 것이다.

또 다른 고차원적인 믿음의 형태는 사랑에서 나오는 믿음이다. 어린이가 어떻게 부모를 믿을 수 있는가? 어린이가 그의 부모를 신뢰하는 이유는 부모가 자기를 사랑하기 때문이다. 예수 그리스도를 참으로 믿고 깊이 사랑하므로 그와 하나가 되는 사람들은 복이 있다. 이것이야말로 평온한 확신이기 때문이다. 이렇게 예수를 사랑하는 사람들은 그의 인격에 감화를 받고 그의 말씀을 기뻐하며 그의 사랑에 매혹된다. 그들은 주님을 참으로 찬양하고 경외하며 사랑하므로 그를 신뢰하지 않을 수 없다.

구주를 신뢰하고 사랑하는 길은 다음과 같이 설명될 수도 있다. 그 당시 가장 명망이 높은 내과 의사의 부인 이야기이다. 그 부인은 위험한 질병에 걸려 거의 죽게 되었다. 그러나 그 부인은 놀랍게도 침착하고 평온했다. 그 까닭은 그녀의 남편이 이 질병을 특별히 연구하고 있었으며 이와 유사한 병에 걸린 수천 명의 사람들을 치료하여 준 일이 있었기 때문이다. 그 부인이 조금도 걱정하지 않았던 이유는, 자기를 지극히 사랑하는 남편과 그의 기술을 믿고 있었기 때문이다. 그 부인의 믿음은 아주 타당하고 자연스럽다. 그 의사는 모든 점에 있어서 그 부인이 신뢰할 만했다.

참된 그리스도인들이 그리스도께 대하여 가져야 할 믿음은 바로 이런 것이다. 이 세상에 그리스도와 같은 의사가 어디에 있는가? 그리스도처럼 사람들을 구원할 자는 없다. 우리는 그를 사랑하고 그는 우리를 사랑한다. 따라서 우리는 그리스도의 손에 우리 자신을 맡기며, 그가 기록한 모든 것을 받아들이며, 그가 명령하는 모든 것을 행한다. 그리스도께서 우리의 모든 일을 주관하시는 한 우리는 어떤 것도 잘못될까 봐 염려할 필요가 없다. 그는 우리를 너무나 사랑하시므로 우리를 멸망하도록 내버려 두실 리 없고 쓸데없는 고통을 당하도록 하실 리 없다.

믿음은 순종의 근원이다. 우리의 일상 생활에서 이 점이 분명히 입증된다. 선장은 키잡이가 배를 항구로 정확히 입항시킬 것을 믿으므로 그의 인도에 따라 큰 배를 관리한다. 여행자는 안내자를 믿으므로 그가 지시하는 대로 모든 길을 따라간다. 환자는 의사를 믿으므로 의사의 처방과 지시를 주의 깊게 따른다.

구세주 되신 그리스도의 계명을 거절하는 신앙은 가식에 불과한 것으로 자신의 영혼을 구원할 수 없다. 우리는 우리를 구원하실 예수님을 믿는다. 예수님은 우리에게 구원의 길을 지시하신다. 이 지시를 따라야 구원받는다. 독자들이여, 이 점을 잊지 말라. 예수님을 신뢰하라. 예수께서 당신에게 명령하신 것을 행함으로 당신의 믿음을 증명하라.

훌륭한 믿음은 확실한 지식에서 나온다. 이 믿음은 은혜 안에서 성장하며, 그리스도를 알기 때문에 믿는 신앙이다. 그리고 이 믿음은 그리스도의 신실성이 증명되었기 때문에 그를 신뢰하는 신앙이다. 옛날 한 성도는 성경에 나오는 언약을 시험해 보고, 그 언약이 증명될 때마다 성경 여백에 T(try)자와 P(proved)자를 쓰는 습관이 있었다. 당신은 지금은 그렇게 할 수 없으나 장차 그렇게 할 수 있다. 모든 것에는 시작이 있다. 때가 이르면 당신은 강한 믿음의 소유자로 장성할 것이다. 이 성숙한 믿음은 표적이나 증거를 구하지 않고 담대하게 믿는다.

선장의 항해하는 믿음을 보라. 참으로 놀라운 일이 아닐 수 없다. 그는 닻을 올리고 육지로부터 떠나간다. 며칠, 몇 주, 몇 달간을 다른 배나 해안을 보지 못하고 항해를 계속한다. 그래도 아무 두려움 없이 항해한다. 그리고 드디어 바라던 항구에 도착한다. 아무 표시도 없는 깊은 바다 위에서 그는 어떻게 길을 찾을 수 있었을까? 그는 나침반과 달력, 망원경 그리고 하늘의 별들을 믿고서, 그들의 지시대로 아무것도 보이지 않는 망망 대해를 항해하여 드디어 바라던 항구에 정확하게 입항한 것이다. 보이는 표적도 없이 항해하는 일은 얼마나 놀라운 일인가?

영적인 의미에서 시각과 감정의 해안을 떠나는 일, 즉 내적 감정이나 보이는 증거 따위에 작별을 고하는 것은 복된 일이다. 하나님의 사랑의 바다에서 노저으며, 하나님을 믿고 하나님의 말씀의 지시에 따라 곧장 하늘 나라로 항해하는 것이야말로 영광스러운 일이다. 그러므로 "보지 않고 믿는 자들은 복되도다"고 성경은 말한다.

이들에게는 안전한 항해와 항구가 기다리고 있다.

독자여, 당신은 그리스도 예수 안에 계신 하나님을 신뢰하지 않겠는가? 나는 확신 가운데 안식을 누리고 있다. 형제여, 우리 다 함께 우리의 하나님 아버지, 우리의 구주 예수 그리스도를 믿자. 지금 즉시 믿으라.

민음으로 구원받는 이유

구원의 통로로서 왜 믿음이 선택되었는가? 이런 질문은 종종 있을 수 있다. "너희가 그 은혜를 인하여 믿음으로 말미암아 구원을 얻었나니"라는 말씀은 확실히 성경의 교리요, 하나님의 규례이다. 그러나 왜 그렇게 하셨을까? 소망도 아니요, 사랑도 아니요, 인내도 아닌 믿음이 왜 선택되었을까? 이런 질문에 대답할 때 우리는 조심스럽게 해야 한다. 이는 하나님의 모든 방법이 다 이해되는 것이 아니기 때문이며, 그런 질문에 주제 넘게 대답해서는 안 되기 때문이다. 우리는 겸손히 다음과 같이 대답해야 할 것이다.

믿음이 은혜의 통로로 선택되는 이유는 수용자로서 아주 적절하기 때문이다. 어떤 가난한 사람에게 구제금을 준다고 해 보자. 돈을 줄 때 어디에다 놓는가? 그의 손에 쥐어 준다. 그 이유가 무엇인가? 그것을 그의 귀에 놓는다든가 그의 발에 놓는다는 것은 어울리지 않기 때문이다. 손이란 받기 위해 만들어진 것이다. 이와 같이 우리의 정신 구조 속에서도 믿음이란 수용하기 위하여 창조된 것이다.

믿음은 사람의 손과 같다. 그러므로 믿음을 통하여 은혜를 받는 일은 잘 어울리는 일이다.

이 점을 분명히 해 두자. 그리스도를 받아들이는 믿음은 당신의 아이가 당신이 주는 사과를 받는 것과 같이 아주 단순한 행동이다. 당신은 사과를 보관했다가 아이가 달라고 하면 주겠다고 약속한다. 신앙과 받아들이는 일을 고작 사과와 관련하여 말했지만, 구원을 받아들이는 믿음은 이와 아주 유사한 행동이다. 어린아이의 손이 사과를 받는 것과 당신의 믿음이 그리스도의 완전한 구원을 받아들이는 것은 같은 것이다. 어린아이의 손이 사과를 만든다든지, 개량한다든지, 가치를 부여하는 것은 아니다. 다만 그것을 취할 뿐이다. 이와 같이 믿음도 구원을 창조한다든지, 구원을 돕는다든지 하는 것이 아니다. 하나님께서 받아들이는 기능으로 믿음을 선택하신 것이므로 믿음은 구원을 받아들이는 일만으로 족한 것이다. 믿음은 용서를 간구하는 혀요, 그것을 받아들이는 손이요, 그것을 보는 눈이지, 그것을 사는 돈은 아니다. 믿음은 결코 자기 주장을 하지 않는다. 믿음은 모든 것을 그리스도의 피에 의존한다. 믿음은 우리 영혼에 주 예수 그리스도의 풍요함을 가져오는 종노릇을 한다. 믿음만이 그 풍요함을 어디로부터 가져오는지 알고 있으며, 은혜는 믿음에게만 그 풍요함을 맡기기 때문이다.

믿음이 선택된 것은 의심할 여지없이 모든 영광을 하나님께 돌리기 때문이다. 은혜를 은혜 되게 하는 것은 믿음이며, 자랑치 못하게 하는 것은 은혜이다. 이는 하나님께서 교만을 그대로 두시지 않기 때문이다. 하나님께서는 교만한 자를 아시고 멀리하시며 그들이 가까이 오는 것을 원치 아니하신다. 하나님은 교만한 마음을 일으키는 식으로 구원을 주시지 않는다. 바울은 "행위에서 난 것이 아니니 이는 누구든지 자랑치 못하게 함이니라"고 말했다. 믿음은 모든 자랑을 배제한다. 구제금을 받는 손이 "내가 선물을 받으니 나에게 감사해야 한다"고 말할 수 없다. 그것은 어불성설이다. 손이 입에 빵을 가져다 주고서 몸에게 "내가 너를 먹이니 내게 감사하라" 하는 식으로 말하지 않는다. 그 손이 하는 일은 아주 필수적인 일이긴 하지만 아주 단순한 것이다. 그리고 그 손은 자기가 하는 일로 인해 결코 영광을 독점할 수 없다.

이와 같이 하나님께서는 말로 다 할 수 없는 은혜의 선물을 받도록 믿음을 선택하셨다. 그러므로 믿음은 스스로 어떤 공로를 내세울 수 없고 모든 선물을 주시는 은혜로우신 하나님을 찬양해야만 한다. 믿음은 의로운 사람에게 면류관을 씌운다. 주 예수 그리스도는 "네 믿음이 너를 구원하였으니 평안히 가라"(막 5:34)고 말씀하시면서 믿음의 사람에게 면류관을 씌우셨다.

다음으로 하나님께서 구원의 통로로서 믿음을 택하신 것은 인간과 하나님을 연결하는 확실한 방법이기 때문이다. 사람이 하나님을 신뢰할 때 그 사이에는 결합점이 있으며 그 결합은 축복을 보증한다. 믿음은 우리로 하여금 하나님께 의지하게 하여 하나님과 연결되게 함으로써 우리를 구원한다. 나는 다음과 같은 예를 자주 사용해 왔으나 나로서는 그 이상의 예를 생각할 수 없으므로 다시 반복하여 말하고자 한다.

몇 년 전에 보트 하나가 나이애가라 폭포 위에서 뒤집어져서 두 사람이 급류에 떠내려 오고 있었다. 그때 강가에 있던 사람들이 간신히 그들에게 밧줄을 던질 수 있었다. 그것을 두 사람이 다 잡기는 잡았다. 그런데 그들 중 하나는 재빨리 밧줄을 잡아 무사히 뚝으로 올라왔고 다른 한 사람은 마침 곁에 떠내려 오는 통나무를 보고 밧줄을 버리고 그 통나무를 붙잡았다. 그것이 더 커서 매달리기에 더 좋아 보였기 때문이다.

아뿔싸! 그 사람이 매달려 있던 통나무는 그와 함께 폭포 속으로 사라져 버렸다. 왜냐하면 통나무는 강변과 전혀 연결되어 있지 않았기 때문이다. 붙잡고 있던 통나무가 아무리 크다 해도 그에게 아무 유익이 되지 못한 것이다. 그 통나무는 안전을 줄 수 있는 강변과의 연결이 필요했다. 이와 같이 어떤 사람이 자신의 행위나 성례 같은 것을 신뢰한다면 그는 결코 구원받지 못할 것이다. 그것들은 그리스도와 우리를 연결시켜 줄 수 없기 때문이다. 그러나 믿음은 비록 가느다란 끈과 같이 보일지라도 강변에 있는 크신 하나님의 손 안에 있다. 그 연결하는 끈에는 무한한 힘이 있으므로 사람을 파멸로부터 구할 수 있는 것이다. 오! 복된 믿음이여! 우리를 하나님과 연합시켜 주는도다!

믿음이 선택된 또 하나의 이유는 믿음은 행위의 동기에 영향을 미치기 때문이다. 사소한 행동 하나하나에도 그 뿌리에는 어떤 믿음이 있다. 어떤 종류의 믿음일지라도, 믿음 없이 우리는 아무것도 할 수 없다고 말한다면 틀린 것일까? 내가 나의 서재로 걸어가는 것은 내 발이 나를 서재까지 운반해 줄 것을 믿기 때문이다. 사람이 먹는 것은 음식이 필요함을 믿기 때문이다. 사람이 사업을 하는 것은 돈이 가치 있다는 것을 믿기 때문이다. 수표를 받는 것은 은행이 수표를 신용할 것이라고 믿기 때문이다. 콜럼버스가 아메리카 대륙을 발견했던 것은 대양 너머 다른 대륙이 있다고 믿었기 때문이다. 그리고 청교도들이 그 대륙을 식민지로 개척했던 것은 바위가 많은 해안에서도 하나님이 그들과 함께할 것이라고 믿었기 때문이다. 대부분의 위대한 역사가 믿음에서 나왔다. 선한 것이든 악한 것이든 그 안에 믿음이 있는 사람에 의해 놀라운 역사가 일어난다. 믿음은 모든 것을 극복하는 힘이다. 이 힘은 인간의 모든 행동 속으로 들어온다. 아마도 하나님에 대한 믿음을 조롱하는 사람은 악한 형태이지만 큰 믿음을 소유하고 있다고 하겠다.

하나님께서 믿음으로 구원을 주시는 이유는, 우리 안에 믿음을 창조하심으로 우리의 감정과 행동의 가장 깊은 동기에 접촉하시기 때문이다. 말하자면 하나님은 배터리를 소유하심으로 우리의 몸 모든 곳에 거룩한 생각을 보내실 수 있게 된 것이다. 우리가 예수를 믿고 우리의 마음이 하나님의 소유가 되었을 때 우리는 죄로부터 구원받고 회개, 거룩, 열심, 기도, 성화와 같은 여러 가지 은혜로운 것들을 사모하게 된다.

바퀴와 기름의 관계, 시계와 추의 관계, 새와 날개의 관계, 배와 돛의 관계가 바로 믿음과 거룩한 의무들의 관계이다. 먼저 믿음을 가지라. 그러면 다른 모든 은혜가 자연히 뒤따를 것이요, 그 은혜는 계속 유지될 것이다.

믿음은 또한 사랑으로 역사하는 힘을 가지고 있다. 믿음은 하나님을 향한 사랑의 감정에 영향을 주며 사람의 마음을 최대한으로 하나님께 향하게 한다. 그러므로 하나님을 믿는 사람은 틀림없이 하나님을 사랑하게 된다. 믿음은 이해의 행위이지만 마음으로부터 나온다. 성경은 "사람이 마음으로 믿어 의에 이르고"라고 말한다. 하나님께서 믿음으로 구원을 주시는 이유는 믿음이 사랑과 가장 가까운 까닭이다. 믿음과 사랑은 가까운 친척으로 비유될 수 있다. 사랑은 거룩한 감정과 행위의 원인이 되는 동시에 그것들을 길러 준다. 하나님께 대한 사랑은 곧 순종이며 거룩이다. 하나님을 사랑하고 인간을 사랑한다는 것은 그리스도의 형상을 닮는 것이다. 이것이 바로 구원이다.

마지막으로 믿음은 평화와 기쁨을 창조한다. 믿음을 소유하고 있는 사람은 안식을 누리며 평화롭고 기쁘고 즐겁다. 이것이 바로 하늘 나라를 위한 준비이다. 하나님께서는 모든 하늘 나라의 은사들을 믿음에 두신다. 그 이유는 무엇보다 믿음으로, 더 좋은 천상의 세계에서 영원히 나타나야 할 영적 생명이 우리 안에서 역사하기 때문이다. 믿음은 이 세상의 삶을 위해 갑옷을 공급하고, 장차 올 생을 위한 훈련을 제공한다. 믿음은 사람으로 하여금 아무 두려움

없이 살게도 하고 죽게도 할 수 있다. 그것은 행동하고 고난받을 준비를 하게 한다. 그러므로 주님께서 우리에게 은혜를 전달하는 가장 편리한 수단으로 믿음을 택하시고 우리로 하여금 안전히 영광에 이르게 하신다.

확실히 믿음은 다른 어떤 것이 할 수 없는 일을 한다. 믿음은 우리에게 기쁨과 평화를 주고 우리들을 안식에 이르게 한다. 왜 사람들은 다른 수단으로 구원을 얻으려고 하는가? 나이 많은 성직자 한 분이 다음과 같이 말했다.

"어떤 어리석은 하인 한 사람이 문을 열라는 명령을 받고 그 문에 어깨를 대고 온 힘을 다해 밀었다. 그러나 문은 움직이지 않았다. 그는 자신의 힘을 사용해서 들어갈 수 없었다. 그때 어떤 사람이 열쇠를 가져다가 쉽게 문을 열고 곧바로 들어갔다. 행위로 구원을 얻으려는 사람들은 하늘 문을 밀고 들어가려는 사람과 같다. 그것은 헛수고일 뿐이다."

믿음이란 단번에 하늘 문을 여는 열쇠와 같다. 독자여, 당신은 이 열쇠를 사용하지 않겠는가? 하나님께서는 당신에게 그분의 사랑하는 아들을 믿으라고 명령하신다. 당신은 그렇게 할 수 있으며, 그렇게 함으로써만 살 수 있다. 이것이 복음이 아닌가? 마가복음 16:16은 "믿고 세례를 받는 사람은 구원을 얻을 것이요"라고 말한다. 은혜로우신 하나님의 자비와 지혜에 모든 것을 맡기는 구원의 길을 왜 거절하겠는가?

+9

아! 나는 아무것도 할 수 없구나!

　간절한 마음으로 속죄의 교리를 받아들이고 구원은 오직 주 예수 안에 있는 믿음으로 말미암는다는 위대한 진리를 배운 후에도, 종종 우리는 자신의 무능력 때문에 괴로워한다.
　많은 사람들이 "나는 아무것도 할 수 없구나!" 하고 신음한다. 그들이 변명하기 위해 이런 말을 하는 것은 아니다. 그들에게는 이것이 큰 짐으로 느껴진다. 그들은 할 수 있는 대로 하려고 하였다. 그들의 솔직한 말은 "하고자 하는 마음은 내게 있으나 그것을 수행할 방법을 찾아내지 못하고 있다"는 것이다.
　이런 감정은 복음의 전 내용을 헛되게 하는 것 같다. 굶주린 사람이 음식을 손에 넣지 못하면 그 음식이 그에게 무슨 소용이 있는가? 아무도 마실 수 없다면 생명수가 흐르는 강인들 무슨 소용이 있겠는가? 의사와 가난한 부인의 아이에 관한 이야기가 있다.
　어느 현명한 의사가 가난한 부인에게, 그녀의 아이는 적당한 치료를 받으면 곧 나을 것이라고 말했다. 그러나 그 아이는 규칙적으로 가장 좋은 포도주를 마셔야 하고 한 계절 동안 독일 온천 중 한 곳에서 보내는 것이 절대 필요하다고 했다. 당장 먹을 빵도 없는 과부에게 이 일이 가능하겠는가?

"믿고 살아라" 하는 단순한 복음은 괴로움에 찬 사람에게는 그렇게 단순하게 보이지 않는다. 왜냐하면 그것은 불쌍한 죄인에게 그가 할 수 없다는 것을 하라고 요청하는 것과 같기 때문이다. 사실 깨달음이 있어도 충분한 가르침이 없으면 연결점이 없는 것과 같다. 즉 예수님의 구원은 저기 있다. 그러나 어떻게 거기에 이를 수 있는가? 영혼은 힘이 없고 무엇을 해야 할지도 모른다. 도피성은 저 멀리 보이나 그 문으로 들어갈 수가 없다.

이렇게 능력 부족을 깨닫는 일도 구원 계획 안에 마련된 과정인가? 그렇다. 주님의 사역은 완전하다. 그것은 우리의 현재 처지에서 시작한다. 그리고 그 완성을 위해 주님은 우리에게 아무것도 요구하지 않으신다. 선한 사마리아인은 나그네가 상처를 입어 거의 죽어 가는 것을 보았을 때, 그에게 일어나 나귀에 올라 타고 주막까지 가라고 명령하지 않았다. 그는 나그네가 쓰러져 있는 곳으로 친히 와서 그에게 도움을 베풀고 짐승에 태워 주막까지 데려다 주었다. 주 예수님은 낮고 천한 자리에 있는 우리를 이와 같이 대하신다.

하나님께서 의롭게 하시되 경건치 못한 자를 의롭게 하시며 예수님의 보배로운 피 안에 있는 믿음을 통해서 의롭게 하심을 우리는 보아 왔다. 이제 우리는 예수님께서 경건치 못한 자들의 구원을 이루실 때 그들이 어떠한 처지에 있는가를 알아보아야 한다. 죄를 자각한 많은 사람들이 그들의 죄뿐만 아니라 그들의 도덕적 연약성에 대해서 고민하고 있다. 수렁에 빠져있지만 벗어날 힘이 그들에게는 없으며 훗날에 그 수렁에 다시 빠지지 않도록 유지할 힘도 없다. 그들은 지금까지 행해 왔던 일뿐만 아니라 할 수 없는 일에 대해서도 탄식하고 있다. 그들은 스스로 힘도 없고 능력도 없고 영적 생명도 없다고 느낀다. 그들이 스스로 죽은 것 같다고 말하는 것이 이상하게 들릴지 모르지만 사실 그렇기도 하다. 그들은 자신이 모든 선한 일에 무능하다고 생각한다. 그들은 하늘 나라로 가는 길을 여행할 수 없다. 그들의 뼈가 다 부서져 버렸기 때문이다. 스스로 힘 있다고 생각하는 사람들은 결코 도움의 길을 발견치 못한다. 사실 그들은 연약하다. 그러나 성경은 하나님의 큰 사랑을 말한다.

"우리가 아직 연약할 때에 기약대로 그리스도께서 경건치 않은 자를 위하여 죽으셨도다"(롬 5:6).

여기서 우리는 의식할 수 있는 무능력이 주 예수님의 중재로 구조됨을 보게 된다. 우리의 무능력은 철저하다. "우리가 비교적 약해 있을 때 그리스도께서 우리를 위해서 죽으셨다" 혹은 "우리가 조그만 힘을 가졌을 때"라고 기록되어 있지 않다. 이에 관한 성경 말씀은 절대적이고 제한되어 있지 않다. 즉 "우리가 아직 연약할 때"라고 기록되어 있다. 우리는 우리의 구원을 도울 힘이 없다. "나를 떠나서는 너희가 아무것도 할 수 없음이라"는 우리 주님의 말씀은 확실한 진리이다. 여기서 더 나아가 "허물과 죄로 죽었던 때에도" 우리를 사랑하신 주님의 그 큰 사랑을 기억하여 보라. 죽어 있다는 것은 힘이 없는 것보다 더 절망적인 상태이다.

힘이 없고 가련한 죄인이 마음에 새기고 소망의 유일한 근원으로서 확고하게 붙잡아야 할 것은 바로 "기약대로 그리스도께서 경건치 않은 자를 위하여 죽으셨다"는 거룩한 확신이다. 이것을 믿으라. 그러면 모든 무능력이 사라질 것이다. 손이 닿으면 모든 것이 금으로 변해 버린다는 미다스(Midas)의 전설처럼, 참된 믿음은 접촉하는 모든 것을 선하게 만든다. 믿음이 있을 때 우리의 부족함과 약함이 축복으로 변화된다.

우리의 연약한 상태에 대해 잘 생각해 보자. 다음과 같이 말하는 사람이 있을 것이다.

"선생님, 저는 저의 구원에 관련된 중대한 문제들에 생각을 집중시킬 힘이 없는가 봅니다. 짧은 기도조차 제겐 너무 벅찹니다. 아마 부분적으로는 방탕한 생활로 인해 상처를 입어왔기 때문이고 또 세상 걱정으로 속을 태우기 때문일 것입니다. 또 선천적인 연약함도 한 원인인 것 같습니다. 그래서 저는 영혼이 구원받을 수 있기 전에 필요한 이런 고고한 생각을 할 수가 없습니다."

이것이 죄로 인한 연약함의 한 형태이다. 내 말을 주의깊게 들으라! 당신은 이 점에 있어서 무력하다. 또 당신과 같은 사람도 많다. 그들은 생명을 구원하기 위해서 일련의 생각을 계속할 수가 없다.

많은 가난한 사람들은 무식하고 교육을 받지 못했다. 이들이 깊은 사색을 하는 것은 매우 힘겨운 일이다. 또 어떤 사람들은 성격상 경솔하거나 성급해서 긴 논증과 추론의 과정을 따를 수 없다. 그들은 일생 동안 아무리 애써도 어떤 심오한 신비에 대한 지식을 얻을 수 없다. 그러므로 당신은 절망할 필요가 없다. 구원에 필요한 것은 계속적인 사색이 아니라 단순히 예수님을 의존하는 것이다.

"기약대로 그리스도께서 경건치 않은 자를 위하여 죽으셨다"는 이 한 가지 사실에 매달리라. 이 진리는 당신으로부터 깊은 탐구나 심오한 추론이나 설득력 있는 논증을 요구하지 않는다. 말씀 그대로이다. "기약대로 그리스도께서 경건치 않은 자를 위하여 죽으셨도다." 당신의 마음을 이 말씀에 두라. 그리고 안식을 누리라.

당신의 영혼 속에 이 위대하고 은혜롭고 영광스러운 사실을 간직하라. 당신이 비록 연약하지만 주 예수께서 당신의 힘이요 노래가 되심을 알고, 또한 당신의 구원이 되심을 알게 되면 기쁨이 넘칠 것이다. 성경에 따르면 우리가 아직 연약할 때에 기약대로 그리스도께서 경건치 못한 자들을 위해서 죽으셨다는 것은 하나의 계시된 사실이다. 아마 당신은 이 말씀을 수백 번이나 들어 왔을 것이다. 그러나 전에는 이 말씀의 의미를 깨닫지 못했을 것이다.

이 말씀은 너무나 귀한 말씀이다. 그렇지 않은가? 예수님은 우리의 의 때문에 죽으신 것이 아니고 우리의 죄 때문에 죽으신 것이다. 예수님은 우리를 구원하러 오셨다. 그러나 우리가 구원받을 가치가 있어서 오신 것이 아니라 우리가 전혀 무가치하고 파괴되고 무능력한 상태에 있기 때문이었다. 그가 오신 이유는 우리에게 있지 않다. 예수께서 이 땅에 오신 것은 오직 그의 무한하신 사랑 때문이다. 기약대로 예수님은 경건한 사람들이 아니라 경건치 않은 사람들을 위해서 죽으셨다. 여기서 경건치 않다는 것은 그들에게 아주 잘 적용되는 낱말이다.

이해가 잘 되지 않을지라도, 무거운 마음을 가볍게 해주는 이 진리를 마음에 새겨 두라. 이 말씀이 당신의 심령 깊숙이 녹아져 당신의 온 사상에 퍼지기까지 묵상하고 또 묵상하라. 그러면 그 모든 사상들이 가을 낙엽처럼 흩어져도 거의 문제되지 않을 것이다. 학문을 조금도 모르고 독창적 사고를 해 보지 못한 사람들도 십자가의 도를 완전히 받아들였고 이로써 구원을 얻었다. 당신이 그렇게 하지 못할 이유가 어디 있는가?

"오, 선생님, 저의 약함은 충분히 회개할 수 없다는 점에 있습니다" 하고 외치는 사람도 있다. 사람들은 회개가 무엇인지 궁금해 한다. 많은 사람들이 회개를 위해서는 많은 눈물을 흘려야 하고 많은 신음을 해야 하고 많은 절망을 견디어야 한다고 생각하는데, 이렇게 부당한 생각이 어디에서 왔는가?

불신과 절망은 죄이다. 그러므로 나는 그런 요소들이 어떻게 회개의 요소들이 될 수 있는지 모르겠다. 그러나 그 요소들이 참그리스도인이 되기 위한 필수적인 경험 중 일부라고 생각하는 사람들이 많이 있다. 그것은 잘못된 생각이다. 나는 그들이 말하는 의미가 무엇인지 알고 있다. 나 역시 어둠 속에 있을 때 그런 식으로 느끼곤 했기 때문이다. 나는 계속 회개하고 있으면서도, 회개하기를 열망하나 회개할 수 없다고 생각했다. 이상하게 들리겠지만 나는 회개했다는 생각을 가질 수가 없었다. 나는 울음이 나오지 않았기 때문에 구석에 가서 울곤 했다. 또 죄 때문에 슬퍼하는 마음이 일어나지 않았기 때문에 큰 슬픔에 잠겼다. 이렇게 모든 것이 뒤범벅이 되어 버린 것은 우리가 불신앙의 상태에서 우리 자신을 판단하기 시작했기 때문이다. 그것은 마치 장님이 자기 눈을 바라보는 것같이 어리석은 일이다. 내 마음이 금강석처럼 단단하다고 생각되어 두려움에 떨었을 때 내 마음은 녹았다. 내 마음을 내가 도저히 깨뜨리지 못한다고 생각했을 때 내 마음은 깨졌다. 내가 가지고 있지 않다고 생각한 바로 그것을 내가 나타내고 있었음을 지금에서야 알게 되었다.

나는 지금 내가 즐거워하고 있는 빛으로 다른 사람들이 들어오도록 도울 수 있기를 바란다. 그들이 혼란스러워 하는 시간을 단축시킬 수 있도록 조언해 주고 싶다. 나는 간단히 몇 마디 하고 보혜사 성령께서 그것을 심령에 적용시키시기를 기도하고자 한다.

참으로 회개하는 사람은 자신의 회개로 만족하지 않는다는 것을 기억하라. 우리가 완전하게 될 수 없는 것처럼 완전한 회개란 있을 수 없다. 우리의 눈물이 아무리 순수할지라도 항상 약간의 더러움이 있을 것이다. 아무리 회개해도 더 회개해야 할 것이 있을 것이다. 그러나 주의하라. 회개란 죄에 대해서, 그리스도에 대해서, 하나님의 모든 위대한 일에 대해서 마음을 변화시키는 것이다. 여기에는 슬픔이 수반된다. 그러나 중요한 점은 죄로부터 그리스도께로 돌아서는 것이다. 두려움과 절망이 마음에 어두운 그림자를 드리우지 않을지라도 이런 방향 전환이 있다면 참다운 회개의 본질을 가지고 있는 것이다.

당신이 원하는 대로 회개할 수 없을 때, 기약대로 그리스도께서 경건치 않은 자를 위해서 죽으셨다는 사실을 확고하게 믿는다면 당신의 회개에 큰 도움이 될 것이다. 이것을 깊이 깊이 생각해 보라. 당신이 지고의 사랑 때문에 "그리스도께서 경건치 않은 자를 위하여 죽으셨다"는 것을 안다면 어떻게 계속 완악한 마음으로 있을 수 있는가? 이치를 따져가며 깊이 생각해 보자. 비록 나는 경건치 못해도, 이 철판같이 굳은 마음이 녹는 것 같지 않아도, 가슴을 치며 애타게 한탄하는 것이 헛된 일인 것 같아도, 그분은 바로 나와 같은 자를 위해서 죽으셨다. 왜냐하면 그분은 바로 경건치 않은 자를 위해서 죽으셨기 때문이다. 오! 이 사실을 믿도록 하라. 그래서 돌 같은 마음에 그분의 능력이 임하게 하라.

따로 시간을 내어, 당신의 머리 속에서 다른 모든 생각은 제하여 버리고 "그리스도께서 경건치 않은 자를 위하여 죽으셨다"는 이 과분하고 예측할 수 없는 사랑, 이 비길 데 없는 사랑을 깊이 묵상하라. 사복음서에서 나타난 주님의 죽으심에 관한 기사를 주의 깊게 읽어 보라. 당신의 완고한 마음을 녹일 만한 것이 복음서에 있다면 그것은 예수님의 수난의 장면일 것이다. 예수께서 그의 원수를 위하여 이 모든 고통을 당하셨다는 사실을 깊이 생각해 보라.

오! 예수님!

주님의 발 아래 무릎 꿇고

주님의 상하고 찢긴 머리를 바라보는 동안

나의 눈에 감미로운 눈물이 흐르고

주님의 모든 슬픔을 느낍니다.

이전에 그렇게 굳었던

나의 마음이 녹아

주님이 흘리신 피를 봅니다.

주님의 책망을 들으면

슬픔이 더욱더 솟구칩니다.

주님께서 죄인을 위하여 죽으심으로

이 죄인이 서게 되었나이다.

주님의 감겨진 눈을 통해

확신을 얻었고

주님의 못박히신 손에 사로잡혔나이다.

확실히 십자가는 바위에서 물이 솟아나게 하는 이적을 행하는 지팡이다. 당신이 예수님의 거룩한 희생의 의미를 완전히 이해한다면, 그렇게 사랑으로 충만하신 분을 대적했던 사실을 마땅히 회개해야 한다. 성경은 이렇게 말한다.

"그들이 그 찌른 바 그를 바라보고 그를 위하여 애통하기를 독자를 위하여 애통하듯 하며 그를 위하여 통곡하기를 장자를 위하여 통곡하듯 하리로다"(슥 12:10).

회개가 당신으로 하여금 그리스도를 보게 하는 것은 아니다. 그러나 그리스도를 바라보는 것은 마음에 회개를 일으킨다. 당신은 회개함으로써 그리스도를 찾아내려 하지 말고, 회개하기 위해서 그리스도를 바라보아야 한다. 성령은 우리를 그리스도께 향하게 함으로써 죄로부터 돌아서게 한다. 결과에서 원인으로, 즉 자신의 회개에서 주 예수님께로 시선을 돌리라. 그분은 우리의 회개를 위해 높이 달리셨다.

나는 어떤 사람이 이렇게 말하는 것을 들었다.

"나는 무시무시한 생각으로 고통을 당하고 있습니다. 내가 어디로 가든지 참담한 생각이 틈타고 들어옵니다. 그리고 일하는 중에 무서운 생각이 엄습해 오기도 합니다. 잠자리에 들어서도 악마의 소리에 깜짝 놀라 깹니다. 나는 이 무서운 유혹에서 벗어날 수가 없습니다."

친구여! 나는 이것이 무슨 말인지 알고 있다. 나도 이런 괴로움을 당해 본 경험이 있기 때문이다. 사탄의 사상적 시험을 받을 때 우리가 우리의 생각을 지배하려고 하는 것은 칼을 들고 파리떼와 싸우려는 것과 같다. 사탄의 유혹을 받고 있는 가련한 영혼은, 내가 읽은 책에 나오는 나그네와 같다. 성난 벌떼가 나그네의 머리와 귀, 온 몸 전체를 사정없이 쏘았다. 그는 그들을 쫓아 버릴 수도 없고 피할 수도 없었다. 벌떼가 그의 온 몸을 마구 쏘았으므로 거의 죽을 지경이었다. 사탄이 여러분의 영혼에 퍼붓는 이런 소름 끼치고 지긋지긋한 생각을 떨쳐 버리기에 여러분이 너무 연약하다고 느끼는 것은 이상한 일이 아니다. 그러나 우리 앞에 펼쳐 있는 말씀을 상고하여 보라. "우리가 아직 연약할 때에 기약대로 그리스도께서 경건치 않은 자를 위하여 죽으셨도다."

예수님은 우리가 어디에 있었는지 아셨고 어디에 있어야 될지도 아셨다. 그분은 우리가 공중의 권세 잡은 자를 이길 수 없다는 것을 아신다. 우리가 사탄으로부터 심하게 괴롭힘을 당하는 것도 아신다. 그런 상황에 있는 우리를 보시고 그리스도께서 경건치 않은 자를 위해 죽으신 것이다. 이 말씀 위에 당신의 신앙의 닻을 내리라. 마귀가 당신을 경건하다고 말할 리 없다. 바로 당신 같은 사람을 위해 예수님께서 죽으셨다는 것을 믿으라.

마귀의 머리를 자신의 칼로 베어 버린 마르틴 루터를 기억해 보라. 악마가 마르틴 루터에게 "너는 죄인이야" 하고 말했을 때 그가 대답하기를 "그렇다. 그러나 그리스도께서 죄인들을 구원하기 위해서 죽으셨다"고 말했다. 이렇게 그는 자신의 칼로 마귀를 정복하였다.

이 피난처에 몸을 숨기고 거기 머무르라. "기약대로 그리스도께서 경건치 않은 자를 위하여 죽으셨도다." 당신이 이 진리의 말씀 위에 설 때 그 동안 연약하여 물리칠 수 없었던 참담한 생각들은 저절로 없어질 것이다. 이는 사탄이 참담한 생각들로 여러분을 괴롭게 하는 것이 헛된 일임을 알게 될 것이기 때문이다.

이런 참담한 생각들을 당신이 미워한다면 당신과 상관이 없는 것이 될 것이다. 이런 생각들은 마귀가 책임질 일이지 당신이 책임질 것이 아니다. 마귀는 이런 생각들을 통해 당신을 절망으로 이끌려 하거나 적어도 당신이 예수를 믿지 못하도록 하려 한다. 성경에 보면 열두 해 동안 질병으로 고생하던 불쌍한 여인이 무리 때문에 예수님께 나올 수 없었다. 당신도 이 여인과 같은 상황이다. 온갖 두려운 잡념들 때문에 예수님께 나오지 못하고 있다. 남 몰래 그 여인은 손가락을 내밀어 주님의 옷자락을 만졌다. 그 즉시 그 여인은 나아 버렸다. 당신도 이와 같이 하라.

예수님께서는 온갖 죄와 참담한 생각으로 죄책감에 사로잡혀 있는 사람들을 위해서 죽으셨다. 그러므로 원치 않게 여러 악한 생각들의 포로된 사람들일지라도 결코 거절하시지 않을 것이다. 당신 자신을 그분께 맡겨 보라. 당신의 잡념과 모든 것을 맡겨 보라. 그리고 그분이 당신을 구원하실 수 있는지 없는지를 보라. 예수님은 이런 악령의 무서운 속삭임들을 잔잔케 하실 수 있다. 아니면 당신으로 하여금 그 마귀의 유혹의 정체를 바로 알게 하셔서 그것들로 인해 염려하지 않게 하신다. 예수님은 자신의 방법으로 당신을 구원하실 수 있으며 또 구원하실 것이고 마침내는 당신에게 완전한 평화를 주실 것이다. 이 문제뿐 아니라 다른 문제들에 대해서도 오직 주 예수만 신뢰하라.

슬프게도 우리를 당혹스럽게 하는 것은 우리가 연약하여 믿을 수 없다는 것이다. 우리는 다음과 같이 부르짖어야 한다.

> 오, 내가 믿을 수 있게 하여 주십시오.
> 그러면 모든 것이 쉬워질 것입니다.
> 나는 믿고 싶어도 믿을 수 없습니다.
> 주여, 구원하소서.
> 나의 도움은 주님으로부터 옵니다.

많은 사람들이 믿음을 갖지 못하여 여러 해 동안 어둠에 머물러 있다. 여기에서 믿음이란 다른 모든 힘을 포기하고 주 예수 그리스도의 힘에 의존하는 것을 말한다. 믿음이라는 것은 참으로 묘한 것이다. 아무리 믿으려고 노력하여도 그 노력이 도움이 되지 못한다. 믿음은 노력에서 오는 것이 아니기 때문이다.

어떤 사람이 요즘 일어났던 일을 이야기할 때, 그의 이야기를 믿으려고 노력하겠다고 말해서는 안 된다. 그 이야기를 하는 사람의 신실성을 믿는다면 그의 말을 즉시 받아들여야 한다. 내가 그 사람을 진실한 사람으로 생각하지 않는다면 물론 그의 말을 믿지 않는다. 그러나 "믿으려고 노력한다"는 것은 있을 수 없다. 하나님께서 예수 그리스도 안에 구원이 있다고 선언하셨을 때 나는 즉시 그분을 믿거나 아니면 그분을 거짓말쟁이라고 말해야 한다. 아마도 당신은 이런 경우에 옳은 길을 선택하는 데 주저하지 않을 것이다. 틀림없이 하나님의 증거는 진실하므로 우리는 즉시 예수님을 믿어야 한다. 당신은 지금까지 너무나 믿으려고 노력만 했다. 지금 당장 큰 일에 목적을 두지 말라. "우리가 아직 연약할 때에 기약대로 그리스도께서 경건치 않은 자를 위하여 죽으셨다"는 진리를 믿게 된 것으로 만족하라.

그분은 예수 그리스도를 믿지도 않고 믿을 수도 없는 사람들을 위해 생명을 버리셨다. 믿는 자가 아니라 죄인인 인간을 위해 죽으셨던 것이다. 그분은 이 죄인들을 믿는 자와 성도로 만들기 위해 오셨다. 그러나 그들을 위해서 죽으실 때 그분은 그들을 완전히 연약한 자들로 보셨다. 당신이 그리스도께서 경건치 않은 자를 위해서 죽으셨다는 진리를 간직하고 믿는다면, 그 믿음이 당신을 구원할 것이며 평강 가운데로 인도할 것이다. 당신이 모든 것을 믿을 수 없고, 산을 옮기거나 혹은 다른 어떤 놀라운 일을 행할 수 없다 해도, 경건치 못한 자를 위해서 죽으신 예수 그리스도께 당신의 영혼을 맡기면 당신은 구원을 받는다. 구원하는 것은 큰 믿음이 아니라 참 믿음이다. 구원은 믿음 자체에 있는 것이 아니라 믿음이 근거하고 있는 그리스도 안에 있다. 겨자씨 한 알만한 믿음이라도 구원에 이를 수 있다. 중요한 것은 믿음의 양이 아니라 믿음의 진실성이다. 확실히 어떤 사람이든 그가 참이라고 생각하는 것은 믿을 수 있다. 당신이 예수님의 참되심을 안다면 그분을 믿을 수 있는 것이다.

신앙의 대상인 십자가가 성령의 능력으로 말미암아 신앙의 원인이 된다. 믿음이 당신의 마음에서 자발적으로 솟아날 때까지 십자가 아래 앉아 거기서 돌아가신 예수님을 바라보라. 확신을 갖기 위해서는 갈보리와 같은 곳이 없다. 그 성스러운 언덕의 공기가 흔들리는 믿음을 건강하게 해준다. 그곳을 바라본 많은 사람들이 이렇게 말했다.

"상처받고 신음하며, 저주받은 나무 위에서 돌아가신 주님을 바라볼 때 주님께서 나를 위해 죽으셨다는 믿음을 갖게 됩니다."

또 어떤 사람은 이렇게 부르짖었다.

"아, 나의 연약함은 죄를 떠날 수 없다는 점에 있습니다. 나는 하늘 나라에 갈 수 없습니다. 죄를 갖고는 하늘 나라에 갈 수 없다는 것을 잘 알고 있습니다."

당신이 그것을 알고 있는 것만도 기쁜 일이다. 그것은 사실이다. 죄와 이혼하지 않는 한 당신은 그리스도와 결혼할 수 없다.

어느 주일, 잔디 위에서 운동하고 있을 때 번연(Bunyan)의 마음에 문득 떠올랐다는 다음과 같은 물음을 생각해 보자. "너는 죄와 함께 지옥에 가겠는가? 아니면 죄들을 버리고 하늘 나라로 가겠는가?" 이 질문에 그는 죽도록 고민했다. 그것은 모든 사람이 대답해야 할 물음이다. 계속 죄에 머무르면서 하늘 나라에 갈 수 없기 때문이다. 그런 일은 있을 수 없다. 죄를 버리거나 아니면 소망을 버려야 한다. 당신은 이렇게 대답해야 한다.

"내 속 곧 내 육신에 선한 것이 거하지 아니하는 줄을 아노니 원함은 내게 있으나 선을 행하는 것은 없노라 내가 원하는 바 선은 하지 아니하고 도리어 원치 아니하는 바 악은 행하는도다 만일 내가 원치 아니하는 그것을 하면 이를 행하는 자가 내가 아니요 내 속에 거하는 죄니라"(롬 7:18-20).

당신이 힘이 없다면 다시 성경을 보라. "우리가 아직 연약할 때에 기약대로 그리스도께서 경건치 않은 자를 위하여 죽으셨도다." 이 말씀은 진리이다. 여러분은 그것을 믿을 수 있는가? 다른 것들이 아무리 이 말씀과 모순되는 것같이 보일지라도 당신은 그것을 믿겠는가? 하나님께서 그렇게 말씀하신다. 그것은 하나의 사실이다. 그러므로 철저하게 그 말씀에 매달리라. 당신의 유일한 소망이 거기에 있기 때문이다. 이 말씀을 믿고 예수를 신뢰하라. 그러면 당신의 죄를 없앨 힘을 발견할 것이다. 주님을 떠나면 힘세고 무장한 사람이 당신을 영원히 속박하여 노예로 삼을 것이다. 나도 내 힘으로 나의 죄성을 극복할 수 없다. 아무리 노력해도 계속 실패했다. 죄를 좋아하는 마음이 너무 강했다. 그리스도께서 나를 위해 죽으셨다는 믿음 안에서 죄악된 나의 영혼을 예수님께 맡겼을 때 드디어 나는 나의 죄성을 극복하는 원리를 받았던 것이다.

옛날 전사들이 양쪽에 날이 있는 큰 칼을 사용하여 일거에 적들을 휩쓸어 버렸던 것과 같이 십자가의 교리는 죄를 없애는 데 사용될 수 있다. 그리스도께서 나와 같이 경건치 못하고 연약한 사람을 위해 죽으셨다면 나는 더 이상 죄 속에 살 수 없고 힘을 내어 나를 구속하신 그분을 사랑하고 섬겨야 한다. 나의 가장 좋은 친구 되신 예수님을 죽인 악과 더 이상 함께 거할 수 없다. 나는 그분을 위해서 거룩하게 되어야만 한다. 죄로부터 나를 구원하기 위해서 주께서 죽으셨는데 어떻게 죄 가운데 더 살 수 있겠는가?

기약대로 그리스도께서 당신과 같이 경건치 못한 사람을 위해서 죽으셨다는 것을 알고 믿는다면, 연약한 당신이 신앙을 갖는 데 얼마나 큰 도움이 되겠는가? 당신은 아직도 그 생각에 사로잡혀 있는가? 어떻든, 우리의 어둡고 편견에 차 있는 불신앙의 마음이 복음의 본질을 깨닫는다는 것은 매우 어렵다. 때때로 나는 설교하면서 복음의 본질에 대해서 아주 명약관화하게 설명했다는 생각이 들 때가 있다. 그러나 그때에도 청중 가운데 아주 지식이 많은 사람까지도 "나를 보라 네가 구원을 받았느니라"는 말씀을 깨닫지 못하는 것을 본다. 회심의 경험이 있는 사람들이 어느 어느 날까지는 복음을 알지 못했다고 고백하는 일이 자주 있다. 사실 그들은 수년 동안 복음에 대해 들어 왔다. 복음이 알려지지 않은 것은 설명이 부족해서가 아니라 개인적인 계시가 부족하기 때문이다. 성령께서는 이것을 주실 준비가 되어 있으시며 찾는 자들에게 분명히 주실 것이다. 그러나 모든 이에게 계시된 진리는 바로 "그리스도께서 경건치 않은 자를 위하여 죽으셨도다"는 말씀 안에 다 들어 있다.

또 어떤 사람은 다음과 같이 말하면서 슬퍼하는 것을 본다.

"선생님, 저의 약점은 한 가지 마음을 오래 간직하지 못하는 데 있습니다. 주일이면 말씀을 듣고 감명을 받습니다. 그러나 한 주 동안 나쁜 친구를 만나다 보니 그 좋은 감정은 모두 사라져 버립니다. 저의 동료 직원들은 불신자들인데 무시무시한 이야기만 합니다. 그들에게 어떻게 대답해야 할지 몰라 나는 그만 절망에 빠지고 맙니다."

나는 이렇게 성격이 나약한 사람을 잘 알므로 한편으로는 그들이 걱정된다. 그러나 그가 참으로 신실한 사람이라면 그의 약점은 하나님의 은총으로 해결될 수 있다고 믿는다. 성령은 사람을 두려워하는 마음을 없앨 수 있다. 성령은 겁많은 사람을 용기 있는 사람으로 만든다. 우유 부단한 가엾은 친구여! 당신은 이런 상태에 머무르지 말아야 한다. 똑바로 서서 자신을 바라보라. 고양이 앞의 쥐와 같이 당신의 생활이 늘 두려움 아래 있는지 보라. 그리고 당신의 마음을 정하라. 이것은 영적인 문제일 뿐 아니라 일상 생활에서의 단호한 태도와 관련된 것이다. 나는 친구들을 기쁘게 하기 위해 많은 일을 하려고 애쓴다. 그러나 그들을 즐겁게 해주기 위해 지옥에 갈 수는 없다. 좋은 친구 관계를 위해 노력하는 것은 좋은 일이다. 그러나 사람과의 우정을 위해서 하나님과의 관계를 버릴 수는 없는 것이다.

그 사람은 또 이렇게 말한다.

"그건 알고 있습니다. 그러나 아직은 그것을 알고 있을지라도 용기를 낼 수 없습니다. 나는 나의 개성을 나타내 보일 수 없고 떳떳하게 행동할 수도 없습니다." 그에게도 역시 같은 본문을 제시한다. "우리가 아직 연약할 때에 기약대로 그리스도께서 경건치 않은 자를 위하여 죽으셨도다."

베드로가 여기 있다면 그도 똑같이 말했을 것이다. 그는 불을 쬐던 여인의 질문에 거짓말을 하고 주님을 알지 못한다고 맹세했던 그런 가련하고 약한 존재였다. 주 예수님은 바로 그런 자를 위해 죽으셨다. 그렇다. 예수님께서는 그를 버리고 도망간 자들을 위해서 죽으셨다.

"그리스도께서 그들이 아직 연약할 때에 경건치 않은 자를 위해서 죽으셨다"는 이 진리를 붙잡아라. 이것이 당신이 소심함에서 벗어나는 길이다. "그리스도께서 나를 위해서 죽으셨다"는 이 말씀을 당신의 영혼 속에 새겨두라. 그러면 당신은 그를 위해 죽을 준비도 할 수 있을 것이다. 그리스도께서 당신의 모든 것을 대신하여 고난 당하셨고 당신을 위해 충분하고 진실하고 만족할 만한 속죄를 이루셨음을 믿으라. 당신이 이 사실을 믿는다면 분명히 "나를 위해서 죽으신 그를 결코 부끄러워할 수 없다"고 생각할 것이다. 이것이 참이라는 충분한 확신이 있으면 굽힐 줄 모르는 담력이 생길 것이다. 성자들의 순교를 보라. 그리스도의 넘치는 사랑에 대한 생각이 교회 안에 아주 생생하게 불꽃을 튀겼던 초대교회 시대에, 사람들은 죽을 준비가 되어 있었을 뿐만 아니라 고난받기를 갈망하게 되었고 수없이 통치자의 심판대 앞에 나아가 그리스도를 주로 고백하였다.

잔인한 죽음을 자초하는 것이 옳다고는 말하지 않겠다. 그러나 이것은 예수 그리스도의 사랑을 느끼면 사람들이 우리에게 가할 수 있는 모든 두려움을 이기고도 남는다는 사실을 말해 준다. 이것을 당신이 누리지 못할 이유가 어디에 있는가! 지금 당신이 주님 편에 서고 끝까지 주님을 따르기로 용감하게 결단하기 바란다.

성령께서 우리를 도우셔서 주 예수님을 믿는 믿음으로 그렇게 될 수 있을 것이다.

+10

믿음의 성장

우리는 어떻게 믿음의 성장을 가져올 수 있을까? 이것은 많은 사람들에게 아주 중요한 문제이다. 그들은 믿기를 원하지만 믿을 수 없다고 말한다. 이 문제에 대해 구구한 억측이 많다. 이 문제를 좀 더 엄격하게, 그리고 실제적으로 취급해 보자.

종교도 상식이 필요하다. 나는 믿기 위해서 무엇을 해야 할까? 어떤 단순한 행동을 행하기 위한 최선의 방법을 묻는 질문에 어떤 사람은 즉시 해 버리는 것이라고 했다. 우리는 어리석게도 이 문제를 토의하면서 아까운 시간을 허비한다.

믿음의 첩경은 바로 믿는 것이다. 성령이 당신의 영을 밝게 해주신다면 당신은 진리를 듣는 즉시 바로 믿게 될 것이다. 당신은 그것이 진실하기 때문에 믿을 것이다. 복음의 명령은 분명하다. "주 예수 그리스도를 믿으라 그리하면 네가 구원을 얻으리라." 의심과 핑계 때문에 이 명령을 피하는 것은 어리석은 일이다. 그 명령은 분명하다. 그 명령에 순종하자.

아직도 당신에게 어려움이 있다면 그 문제를 가지고 하나님 앞에 나아가 기도하라. 당신을 괴롭히고 있는 것이 무엇인지 정확하게 아버지께 아뢰라. 성령을 통해, 그 문제를 해결해 달라고 간구하라. 어느 책에서 읽은 말이 믿어지지 않을 때 나는 기꺼이 저자에게 그 말의 의미가 무엇인지 묻는다. 그가 진실한 사람이라면 그의 설명은 나를 만족시켜 줄 것이다. 더욱이 성경의 여러 어려운 점을 하나님께서 설명해 주실 때 진실한 구도자의 마음은 더 큰 만족을 얻을 것이다.

주님은 자신을 알리기를 기뻐하신다. 그에게 가서 그렇지 않은가 확인해 보라. 당신은 즉시 밀실에 들어가서 "성령이시여, 나를 진리로 인도하소서. 내가 알지 못하는 것을 나에게 가르쳐 주소서!"라고 구하라.

더욱이 신앙이 어렵게 생각되는 경우, 당신이 믿어야 하는 사실에 대해 자주 듣고 또한 성의를 다해 듣는다면 성령 하나님께서 당신이 믿도록 해주실 것이다. 우리는 지금 여러 가지를 믿고 있는데, 그 까닭은 그것들에 대해 너무나 자주 들었기 때문이다. 당신은 일상 생활의 경험 중에서 그런 사실을 발견하지 못했는가? 어떤 일에 대해서 하루에 오십 번 이상 들었다고 하자. 그러면 자연히 그것을 믿게 된다. 이런 것은 우리 생활 주변에서 쉽게 찾아 볼 수 있다. 어떤 사람들은 이런 과정을 통하여 믿기 어려운 말들도 결국 믿게 된다. 성령은 진리를 자주 듣게 하는 방법을 축복하시고 또 그 방법을 사용하셔서 신앙을 일으키신다. "믿음은 들음에서 온다"고 성경은 말하고 있다. 자주 들으라. 내가 주의를 기울여 진지하게 복음을 듣는다면, 어느 날 내가 들은 것을 믿고 있음을 발견하게 될 것이다. 이것은 우리 마음에 역사하시는 성령을 통해 이루어지는 것이다. 오직 복음을 듣는 일에만 집중하라. 그리고 당신의 마음을 흔들리게 하는 것을 듣거나 읽음으로 마음을 산란하게 하지 말라.

그러나 이 충고가 별로 자극이 되지 않는다면 다음으로 다른 사람들의 증거를 주의하여 보라고 권하겠다. 사마리아 사람들이 예수를 믿은 것은 한 여인이 예수님에 관하여 말했기 때문이다. 우리의 신앙은 대부분 다른 사람들의 증거로부터 일어난다. 나는 일본이라는 나라가 있음을 확실히 믿는다. 나는 그 나라에 가보지 못했다. 그러나 다른 사람들이 그 나라에 갔다 온 일이 있기 때문에 그런 나라가 있다는 것을 나도 믿는다. 또 나는 죽을 것이라는 것을 믿는다. 죽어 본 경험이 내게 있는 것은 아니다. 그러나 내가 아는 많은 사람들이 죽었다. 그러므로 나 역시 죽을 것이라고 확신한다. 많은 사람들의 증거가 나를 확신시켜 준다.

자신이 어떻게 구원받고, 어떻게 용서받고, 어떻게 성격이 변화되는지 말하는 사람들에게 귀를 기울여 보라. 잘 살펴보면 당신과 흡사한 많은 사람들이 구원받았다는 사실을 알게 될 것이다. 당신이 도둑이었다면 한 도둑이 그리스도의 보혈의 샘에서 자기 죄를 씻고 기뻐한 사실을 발견할 것이다. 불행하게도 당신이 부정했다면 그와 같이 타락했던 많은 남녀들이 모두 깨끗하게 변화되었음을 발견할 것이다. 당신만 절망에 빠졌던 것이 아니다. 성자 중 많은 사람들이 당신과 똑같이 절망에 빠진 일이 있으며, 그들은 주님께서 어떻게 자기를 구원했는가를 기쁘게 말할 것이다. 하나님의 말씀을 시험해 보고 그 말씀이 참됨을 증명한 사람들의 이야기를 하나하나 듣다 보면 당신도 성령의 인도를 받아 믿게 될 것이다.

어느 아프리카 사람이 선교사로부터 물이 꽁꽁 얼어서 사람이 그 위로 걸어갈 수 있다는 이야기를 들었다. 그는 선교사가 이야기해 준 여러 가지를 믿는다고 말했으나 그 일만은 믿으려고 하지 않았다. 그 아프리카 사람이 영국에 갔을 때, 서리가 내리는 어느 날 강물이 얼어붙은 것을 보게 되었다. 그러나 그는 그 강을 건너려고 하지 않았다. 강물이 깊으므로 그 위로 건너가다가는 빠져 죽으리라고 생각했기 때문이다. 그는 그의 친구와 많은 사람들이 그 얼어붙은 강물 위를 걸어가는 것을 보고서야 겨우 발을 디뎌 볼 마음이 생겼다. 마침내 그는 다른 사람들의 설득으로 남들이 안전하게 건너는 곳이라면 자기도 건널 수 있으리라고 믿게 되었다. 다른 사람들이 하나님의 어린양을 믿고 기쁨과 평강을 얻는 것을 보면 당신도 쉽게 믿게 될 것이다. 다른 사람들의 경험은 우리가 믿음을 갖도록 도와주는 하나님의 여러 방법 중 하나이다. 어떻든 당신은 예수를 믿거나 아니면 죽어야 한다. 당신이 예수 안에 거하지 않는 한 소망은 없다.

더 좋은 방안이 있는데 그것은 믿으라는 명령이 누구에게서 나온 것인지를 주목하는 것이다. 이것은 당신이 믿음을 갖게 하는 데 많은 도움을 줄 것이다. 그 명령은 내가 한 것이 아니다. 그렇지 않으면 당신은 그 명령을 거절할 수 있다. 그 명령은 교황이 내린 것도 아니다. 그렇지 않으면 당신이 그 명령을 의심할 수도 있다. 그러나 당신이 받은 명령은 하나님으로부터 나온 것이다. 하나님께서 당신에게 예수 그리스도를 믿으라고 명령하셨다. 당신은 거절하지 말고 당신의 창조자에게 순종해야 한다.

북쪽 지방에서 어떤 작업을 감독하는 한 감독관은 복음을 가끔 들었으나 그리스도께 나올 수 없을 거라는 두려움에 번민하였다. 그의 사장은 훌륭한 사람이었는데 어느 날 엽서 한 장을 작업장으로 보냈다. "작업이 끝난 후 곧 우리 집으로 오시오"라는 내용이었다. 그 감독관이 사장의 집에 도착했을 때 그 사장이 나와서 상당히 거칠게 말했다. "존! 이 시간에 나를 성가시게 하다니! 대체 무슨 일인가? 작업은 다 끝났는데 누구 허락으로 여기에 왔는가?" 감독관은 대답하기를 "사장님, 사장님께서 저에게 작업 후에 오라고 하신 엽서를 받고 왔습니다"라고 했다. "단지 내가 보낸 엽서 한 장을 가지고 내 집에 와서 이 바쁜 시간에 나를 불러낸단 말인가?" 감독관은 이해하지 못하겠다는 투로 "사장님이 저를 부르시는 엽서를 보내셨기 때문에 저는 올 의무가 있다고 봅니다" 하고 말했다.

드디어 그 사장은 "존, 들어와요. 당신에게 들려주고 싶은 말이 있소" 하고 말했다. 그는 앉아서 "수고하고 무거운 짐진 자들아 다 내게로 오라 내가 너희를 쉬게 하리라"(마 11:28)는 말씀을 읽었다.

"그리스도로부터 이런 말씀을 들은 후에도 그에게 나오는 것이 잘못이라고 생각하는가?" 그 사람은 그 즉시 모든 것을 깨닫게 되었다. 그는 예수 그리스도를 믿고 영원한 생명으로 들어갔다. 그가 훌륭한 믿음의 근거를 가지고 있음을 깨달았기 때문이다. 오! 그대, 불쌍한 심령이여, 당신은 그리스도께 나올 권리가 있다. 하나님께서 친히 당신에게 그리스도를 믿으라고 명령하셨다.

그 사실이 당신의 신앙을 성장시키지 못하면, 당신이 믿어야 하는 것이 무엇인지 깊이 생각해 보라. 그것은 곧 주 예수 그리스도는 죄인을 대신해서 고난받으셨으며 그를 신뢰하는 모든 사람을 구원하실 수 있다는 사실이다. 이것이야말로 모든 사람이 믿어야 할 복된 소식인 것이다. 죽을 수밖에 없는 심령들에게 가장 적절하며 위로가 되는 하나님의 진리이다. 나는 당신이 이 사실을 좀더 깊이 생각해 보고, 거기에 포함되어 있는 은총과 사랑을 찾아보기를 바란다. 사복음서를 연구하고 바울 서신을 연구해 보라. 그러면 그 말씀이, 당신이 믿어야 하는 것인지 아닌지를 알게 될 것이다.

그것도 당신의 신앙 성장에 별 도움을 주지 못하면 이번에는 예수 그리스도의 인격에 대해서 생각해 보라. 그가 누구인지, 무엇을 행하셨는지, 지금 어디에 계신지, 어떤 분인지에 대하여 생각해 보라. 당신이 어떻게 그분을 의심할 수 있겠는가? 그렇게도 신실하신 예수님을 불신하는 것은 정말 잔인한 일이다. 그분은 의심받을 만한 일을 행하신 적이 없다. 오히려 그분을 의지하는 것이 자연스럽고 마땅하다. 왜 불신앙으로 인해 그를 다시 십자가에 못박으려 하는가? 이것이 바로 주님께 다시 가시관을 씌우는 일이 아니겠는가? 이것이 주님께 침을 뱉는 일이 아니겠는가? 아! 그분이 불신을 받아야 하다니! 군병들이 이보다 더한 모욕을 퍼부었겠는가? 로마 병사들은 그를 순교자가 되게 했지만 당신은 그를 거짓말쟁이로 만든다. 이것이 훨씬 더 나쁜 일이다. "내가 어떻게 믿을 수 있습니까?" 하고 묻지 말고, "당신은 어찌하여 믿을 수 없는가?"라는 질문에 대답하라.

지금까지 말한 것 중 어느 것도 도움이 되지 못했다면 잘못은 바로 당신에게 있다. 이제 내가 당신에게 할 수 있는 마지막 말은 당신 자신을 하나님께 복종시키라는 말뿐이다. 이러한 불신앙의 밑바닥에는 편견과 교만이 깔려 있다. 하나님의 성령께서 당신의 적개심을 제거하시고 당신을 복종케 하시기를 기도한다. 당신은 지금 반역자, 그것도 아주 건방진 반역자이다. 그 점이 바로 당신이 하나님을 믿지 못하는 이유이다.

반역을 포기하고 무기를 내려 놓으라. 당신은 무조건 굴복하고 당신의 왕 되신 그리스도께 항복하라. "주여, 내가 무릎을 꿇나이다" 하고 말하라. 당신이 아직도 하나님을 대적하고 자신의 뜻과 방법을 고집하기 때문에 믿을 수 없는 것이다. "서로 영광을 취하는 너희가 어찌 나를 믿을 수 있느냐?"(요 5:44 참조) 하고 그리스도께서 말씀하셨다. 자만은 불신앙을 낳는다. 오! 인간들이여, 복종하라. 당신의 하나님께 복종하라. 그러면 자연스럽게 당신의 구세주를 믿을 수 있게 된다. 지금 성령께서 은밀하게 그러나 효과적으로 당신에게 역사하시기를 바라며, 지금 이 순간 당신이 주 예수 그리스도를 믿도록 인도하여 주시기를 바란다. 아멘.

+11

중생과 성령

"네가 거듭나야 하겠다." 우리 주 예수님의 이 말씀은 천국 문에서 빼 든 그룹의 칼과 같이 많은 사람들이 걸어가는 길 가운데 불꽃처럼 타오른다. 사람들은 이 변화가 인간의 노력으로 되지 않기 때문에 절망한다. 중생은 위로부터 온다. 그러므로 그것은 피조물의 능력 안에 있지 않다. 거짓된 위안을 만들어 내기 위하여 진리를 왜곡하거나 숨기려는 마음은 조금도 없다. 중생은 초자연적인 것이고 죄인들 자신에 의하여 이루어질 수 없는 것임을 분명히 밝히는 바이다. 내가 의심의 여지가 없는 진리를 거부하거나 잊게 함으로 사람들에게 기쁨을 주는 간사한 사람이라면 나의 독자들은 별로 도움을 받지 못할 것이다.

그러나 우리 주님이 이 말씀을 하신 요한복음 3장에 믿음으로 구원을 얻는다는 분명한 말씀이 포함되어 있다는 것이 놀랍지 않은가? 요한복음 3장을 정독하여 보라. 앞의 성경 구절에만 집착하지 말라. 3절에는 분명히 이와 같이 기록되어 있다.

"예수께서 대답하여 가라사대 진실로 진실로 네게 이르노니 사람이 거듭나지 아니하면 하나님 나라를 볼 수 없느니라."

그러나 14절과 15절에서는 다음과 같이 말한다.

"모세가 광야에서 뱀을 든 것같이 인자도 들려야 하리니 이는 저를 믿는 자마다 영생을 얻게 하려 하심이니라."

18절에서는 넓은 의미로 같은 놀라운 교리를 반복하고 있다.

"저를 믿는 자는 심판을 받지 아니하는 것이요 믿지 아니하는 자는 하나님의 독생자의 이름을 믿지 아니하므로 벌써 심판을 받은 것이니라."

이 두 말씀은 같은 저자가 말하였고 똑같이 영감받은 페이지에 기록되어 있으므로 의미가 일치한다는 것은 분명하다. 문제될 것이 없는 이 성경 구절을 왜 어려워하는가? 한 곳은 하나님만이 구원을 주실 수 있다는 필연성에 대하여 말하고 있고, 또 한 곳에서는 우리가 예수 그리스도를 믿을 때에 하나님께서 우리를 구원하시리라는 것을 말해 주고 있다. 그렇다면 하나님께서 구원에 필요하다고 말씀하신 모든 것을 믿는 자들에게 주신다는 결론을 안심하고 내릴 수 있다. 사실 주님은 예수를 믿는 모든 사람들을 거듭나게 하신다. 그들이 거듭났다는 가장 확실한 증거는 그들의 믿음이다.

우리는 우리 스스로 할 수 없는 것에 대하여 예수님을 신뢰한다. 모든 능력이 우리 안에 있다면 예수님을 바라볼 필요가 있겠는가? 믿는 것은 우리가 할 일이요, 우리를 새롭게 하는 일은 주님께 속한 일이다. 주님이 우리를 대신해서 믿으실 수 없고 우리가 그를 대신하여 중생의 사역을 행할 수 없다. 우리는 그 은혜로운 명령에 순종하는 것만으로 충분하다. 그러면 주께서 우리 안에서 중생의 사역을 행하신다. 우리를 위해 십자가에 달려 죽으시기까지 할 수 있었던 그분은 우리가 영원한 안전을 얻는 데 필요한 모든 것을 주실 수 있고 또 주실 것이다.

"그러나 구원에 이르는 마음의 변화는 성령의 사역이다." 이것 역시 중요한 진리이다. 그것에 대해 의문을 품거나 잊지 말라. 성령의 사역은 은밀하고 신비로운 것이어서 그 결과를 보고서만 알 수 있다. 사람의 육체적 출생에도 신비로운 것들이 있으나 성령의 거룩한 사역은 더욱 신비롭다.

"바람이 임의로 불매 네가 그 소리를 들어도 어디서 오며 어디로 가는지 알지 못하나니 성령으로 난 사람은 다 이러하니라"(요 3:8).

그러나 우리가 꼭 알아야 할 것은 성령의 사역이 신비롭다고 하여 그것이 예수님 믿기를 거절하는 이유가 되지는 못한다는 것이다. 왜냐하면 같은 성령께서 예수님에 관해 증거하기 때문이다.

한 사람이 들에서 씨를 뿌리라는 명령을 받았을 때, 하나님께서 그 씨를 자라게 하지 않으시면 씨를 뿌려도 소용이 없다고 말함으로써 자기의 태만을 변명할 수 없다. 하나님의 은밀한 능력만이 수

확을 거둘 수 있게 한다는 이유로 경작을 게으르게 한 것을 정당화할 수 없는 것이다. "주께서 집을 세우지 아니하시면 세우는 자의 수고가 헛되다"(시 127:1 참조)는 사실은 생명을 추구하는 일에 방해가 되지 않는다.

예수를 믿는 사람이면 누구나 성령께서 자기 안에 역사하기를 거절하지 않으신다는 것을 알게 될 것이다. 사실 믿는다는 것 자체가 성령께서 이미 그의 마음에 역사하고 계신다는 증거이다. 하나님은 섭리를 통하여 일하시지만 그렇다고 인간들은 가만히 앉아 있는 것이 아니다. 우리는 생명과 힘을 주시는 하나님의 능력 없이는 움직일 수 없다. 우리의 호흡과 모든 삶을 주관하시는 하나님께서 날마다 힘을 주시므로 우리는 아무 문제 없이 살아간다. 곧 하나님의 은혜 안에서 살고 있는 것이다. 주님이 우리에게 능력을 주시지 않으면 우리는 회개하고 믿을 수 없다. 우리는 죄를 회개하고 예수님을 신뢰한다. 그러고 나서 주님께서 그분의 선하고 기쁘신 뜻에 따라 우리 안에서 역사해 오셨음을 알게 된다. 그 문제에 어떤 실질적인 어려움이 있다고 보는 것은 어리석은 일이다.

말로 설명하기 어려운 진리 가운데 어떤 것들은 실제 경험에서는 아주 단순하다. 죄인이 믿는다는 진리와 그의 믿음은 성령께서 역사하시므로 생겨난다는 진리는 서로 모순되지 않는다. 영혼이 위험에 처해 있는 동안, 명백한 문제를 가지고 씨름하는 것은 어리석은 일이다. 중력과 부력에 대하여 자세히 알지 못한다고 해서 구명 보트에 올라타기를 거절할 사람은 없다. 굶주린 사람이 소화의 전 과정을 알지 못한다고 해서 먹지 않겠는가?

  독자여, 당신이 모든 신비들을 이해할 때까지 절대로 믿지 않겠다고 하면 당신은 전혀 구원받지 못할 것이다. 당신이 여러 가지 난제에 **빠져**, 당신의 주님이시고 구세주이신 예수님을 통한 용서를 받아들이지 않는다면 저주 가운데 멸망할 것이다. 형이상학적이고 불가사의한 것들에 대해 토론하는 데 **빠져** 영적 자살을 범하지 말라.

+12

살아 계신 구세주

지금까지 십자가에서 죽으심으로 죄인들에게 큰 소망이 되신 그리스도에 관해서 언급해 왔다. 그러나 주님께서 죽은 자 가운데서 부활하시고 영원히 살아 계시다는 것을 기억하는 것이 중요하다.

당신에게 이미 죽은 예수를 신뢰하라고 말하는 것이 아니라, 우리의 죄 때문에 죽으셨지만 우리의 칭의를 위해서 다시 살아나신 예수님을 신뢰하라고 말하는 것이다. 당신은 지금도 살아 계시며 친구 되신 예수님께 곧장 나갈 수 있다. 그분은 단순히 기억에 남아 있는 분이 아니고, 지금도 계속 살아 계셔서 당신의 기도를 들으시고 응답하시는 분이시다. 단번에 생명을 버리심으로 이루신 그 사역을 계속하시기 위해 살아 계신 분이시다. 그분은 아버지의 오른편에서 죄인들을 위해 중재하고 계시므로 궁극적으로 하나님께 나오는 모든 사람을 구원하실 수 있다. 당신이 아직 그런 경험이 없다면 지금 살아 계신 주께 나와 보라.

이 살아 계신 예수님은 또한 고귀한 영광과 권능으로 일으키심을 받으셨다. 그분은 지금 적들 앞의 낮고 천한 자리에서 슬퍼하시거나 목수의 아들로 일하고 계신 것이 아니라 권세와 능력과 모든 이름 위에 뛰어난 이름을 가지고 계신다. 아버지께서 그에게 하늘과 땅에 있는 모든 권세를 주셨고, 그는 은혜의 사역을 수행하시는 데 이 지극히 높은 은사를 발휘하신다. 베드로와 다른 사도들이 대제사장과 공회 앞에서 그에 관해 증거한 바를 들어 보라.

> "너희가 나무에 달아 죽인 예수를 우리 조상의 하나님이 살리시고 이스라엘로 회개케 하사 죄 사함을 얻게 하시려고 그를 오른손으로 높이사 임금과 구주를 삼으셨느니라"(행 5:30 - 31).

승천하신 주님을 둘러싼 영광이 모든 신자들의 가슴 속에 소망을 불어넣어 준다. 예수님은 지금 인간이 아니시다. 그분은 구원자시요 위대한 분이시며, 면류관을 쓰시고 보좌에 앉아 계신 인간의 구속주이시다. 삶과 죽음에 대한 주권적 통치권이 그분에게 속해 있고, 성부께서 모든 인간들을 아들의 중재 아래 두셨으므로 그분이 원하는 자는 누구든지 소생시키실 수 있다. 그분이 열면 아무도 닫을 수 없다. 그분 말씀에 의하면 죄와 저주의 끈으로 묶여 있는 영혼은 한 순간이라도 해방될 수 없다. 그분이 은색 홀(笏)을 뻗치실 때 그것을 만지는 자는 다 살아난다.

우리가 아는 바와 같이 죄도 살아 있고 육체도 살아 있으며 마귀도 살아 있고 예수님께서도 살아 계시다. 이들이 우리를 파멸시키기 위하여 어떠한 능력을 행사하든 간에 예수님은 더 큰 능력으로 우리를 구원하신다.

주님의 모든 존귀하심과 능력은 우리를 위한 것이다. 그리스도께서 존귀하게 되신 것은 주기 위함이다. 그분이 존귀하게 되어 왕과 구주가 되심은, 그분의 지배 아래 오는 모든 사람의 구원을 이루기 위해 필요한 모든 것을 주기 위한 것이다. 그분은 죄인의 구원을 위해서 자신이 가진 모든 것을 사용하시며, 그분의 은혜의 풍성함 가운데서 자신을 완전히 드러내신다. 주님께서는 자신의 왕 되심과 구원자 되심을 마치 양립할 수 없는 것처럼 연결시키신다. 그분은 자신의 존귀함을, 마치 그분의 영광의 꽃과 면류관처럼 인류에게 복을 가져다 주기 위해 계획된 것으로 제시하신다. 그리스도만을 바라보는 죄인들의 소망을 일으키기 위해서 더 이상 어떤 것이 계획될 수 있겠는가?

예수님께서는 자신을 극히 낮추심으로 자신을 높이셨다. 이렇게 낮아지심으로 아버지의 모든 뜻을 이루시고 견디셨기 때문에 영광과 높임을 받게 되신 것이다. 주님은 자기 백성을 위해서 그분의 높은 지위를 사용하신다. 독자들이여, 눈을 들어 영광의 주님을 바라보자. 그곳으로부터 분명히 도움이 올 것이다. 왕이시며 구주 되신 주님의 높으신 영광을 생각하여 보라. 주께서 보좌에 앉아 계신 것이 사람들에게 가장 큰 소망을 주지 않는가? 만물의 주께서 죄인들의 구주가 되신 것이 영광스럽지 않은가? 우리는 최고 법정에 계시며 보좌에 계신 친구를 갖고 있다. 그분은 자신들의 일을 그분의 손에 맡긴 사람들을 위해 모든 영향력을 발휘하실 것이다. 그러므로 어느 시인은 이렇게 노래했다.

> 그분은 영원히 살아 계셔서
> 아버지 앞에서 중재하신다.
> 나의 영혼이여
> 모든 변명거리를 그분에게 맡기고
> 아버지의 은총을 의심치 말라.

오라, 당신의 모든 문제들을 주님의 못박히신 손에 맡기라. 이 손은 지금 왕의 권세와 명예를 지닌 영광스런 손이다. 위대한 변호사 되신 주님께 맡겨진 송사는 결코 실패하지 않는다.

회개와 사죄함

 앞에서 방금 인용한 본문을 보면 회개는 죄의 용서와 결속되어 있음이 분명하다. 사도행전 5:31에 "회개케 하사 죄사함을 얻게 하시려고 그를 오른손으로 높이셨다"는 말씀이 있다. 이 두 가지 축복은, 한때 나무에 못박히셨지만 이제는 영광으로 높임을 받으신 그 거룩한 손으로부터 기인한다. 회개와 용서는 하나님의 영원하신 목적에 의해서 아주 단단하게 연결되어 있다. 하나님께서 연결해 놓으신 것을 인간이 뗄 수 없는 것이다.

 회개는 죄사함과 병행한다. 조금만 생각해 본다면 정말 그렇다는 것을 알게 될 것이다. 죄사함이 회개하지 않은 죄인에게 주어질 수 있다는 것은 어불성설이다. 만일 그럴 수 있다면 그것은 오히려 죄의 길을 조장하는 것이요, 악에 대하여 생각하지 않도록 가르치는 것이다. 만일 주님께서 "너는 죄를 사랑하고 있고 죄 안에 살고 있으며 점점 더 악해지고 있다. 그러나 나는 너를 용서한다"고 말씀하셨다면, 이것은 악을 배가하며 허락하는 것이다. 그리하여 사회 질서의 기초들이 흔들리게 될 것이고 도덕적 무정부 상태가 될 것이다. 당신이 만약 회개와 죄사함을 분리한다면 헤아릴 수 없는 죄악들이 얼마나 많이 일어날지 말로 다 할 수 없다. 죄인들은 전과 같이 죄를 좋아하는 상태에 머물러 있을 것이며 우리도 그런 죄악을 모르는 채 지나칠 것이다. 우리가 하나님의 거룩하심을 믿는다고 하면서 계속하여 죄에 거하며 회개하지 않는다면 결코 용서받을 수 없고 우리의 완고함만을 더 쌓는 결과를 가져올 것이다.

하나님께서 그분의 무한히 선하심을 따라 우리에게 약속하시기를, 우리가 죄를 버리고 자백하며 믿음으로 예수 그리스도 안에서 주신 은혜를 받아들이면, 하나님은 미쁘시고 의로우셔서 능히 우리 죄를 용서하시고 모든 불의로부터 우리를 깨끗게 하신다고 하셨다. 그러나 하나님이 계시는 한, 계속 악의 길에 머물러 있으면서 잘못된 행위를 깨닫지 못하는 사람들에게 자비의 약속이란 있을 수 없다. 어떤 반역자도 반역 행위를 계속하면서 왕이 용서해 주리라는 기대는 결코 가질 수 없다. 우리가 우리의 죄를 버리기를 거절하는데도 불구하고 이 세상의 심판자가 우리의 죄를 씻겨 주리라고 상상할 만큼 어리석은 자는 없을 것이다.

더욱이 하나님의 자비의 완전성을 위해서도 마땅히 그래야 한다. 죄를 용서하시면서 죄인들이 죄 가운데 살도록 그대로 두는 것은 어딘가 모자라고 피상적인 자비이다. 그것은 한쪽 발로만 걷는 절름발이와 같고 손이 하나인 사람과 같이 비정상적인 것이다. 당신 생각에는 죄책으로부터 깨끗해지는 것과 죄의 권세에서 해방되는 것 중 어느 것이 더 큰 특권이겠는가? 나는 하나님의 이 두 가지 자비 중 어느 것이 더 탁월한가를 저울질하려 하는 것이 아니다. 그 중 어느 것도 예수께서 흘리신 보배로운 피와 관계없이 우리에게 주어진 것이 아니다. 그러나 꼭 비교해야 한다면 죄의 지배로부터 해방되어 거룩하게 되고 하나님을 닮는 것이 더 중요한 것으로 간주되어야 할 것 같다. 용서받는 것은 측량할 수 없는 큰 은혜이다. 그래서 시편 기자는 이렇게 노래했다. "저가 네 모든 죄악을 사하시며……"(시 103:3).

그러나 우리가 용서받을 수 있다고 해도 죄를 사랑하고 죄악 때문에 방탕한 생활을 하며 육신의 정욕을 좇아 사는 것이 허락된다면, 그런 용서가 무슨 소용이 있겠는가? 그것은 우리를 가장 효과적으로 파괴하는 것이며 결과적으로 유해한 것이 아니겠는가? 깨끗이 씻고 나서 도로 흙탕물 안에 들어간다면, 깨끗하다고 선언됐음에도 불구하고 이마에 하얀 나병균을 가지고 있다면, 하나님의 사랑은 최고의 놀림감이 되고 말 것이다. 죽은 사람을 무덤에서 끌어낸들 무슨 소용이 있는가? 눈 먼 사람을 빛 가운데로 인도한들 무슨 소용이 있는가?

우리의 모든 죄악을 용서하시고 우리의 모든 질병을 고치신 하나님께 감사하자. 과거의 모든 허물로부터 우리를 말끔히 씻어 주신 그분이 우리를 또한 더러운 길로부터 보호하시고 미래의 타락으로부터 지키신다. 우리는 회개와 용서를 모두 기꺼이 받아들여야 한다. 그 둘은 서로 분리될 수 없기 때문이다. 그 언약은 하나요 분리할 수 없다. 결코 나누지 못한다. 은혜의 사역을 나누는 것은 살아 있는 어린아이를 반으로 자르는 것과 같으며 이것을 허용하는 사람들은 사실 이 일에 무관심한 것이다.

하나님을 추구하는 당신에게 물어 보겠다. 당신은 이 둘 중에서 어느 하나로만 만족할 것인가? 하나님께서 당신의 죄를 용서하시고 전과 같이 세속에 물들어 죄악에 묻혀 사는 것을 허락하신다면 당신은 만족하겠는가? 오, 절대로 그럴 수 없다. 소생한 영혼은 죄의 결과로 오는 형벌보다 죄를 더 두려워한다. 당신의 심령 깊은 곳으로부터의 부르짖음은 "누가 나를 형벌로부터 구원해 내랴" 하는 것이 아니라 "오호라. 나는 곤고한 사람이로다. 이 사망의 몸에서 누가 나를 건져 내랴? 누가 나를 시험에서 벗어나 살게 할 수 있으며 하나님과 같이 거룩하게 해줄 수 있는가?" 하는 것이다. 회개와 용서가 하나가 되는 것이 우리의 은혜로운 욕구와 일치하고, 구원의 완전성과 우리의 거룩을 위해서도 반드시 필요하다.

모든 신자들의 경험을 보아도 회개와 용서는 함께 온다. 말씀을 믿고 참으로 죄를 회개하고도 용서받지 못했던 사람은 하나도 없다. 또 한편 회개하지 않고 용서를 받은 사람도 결코 없다. 내가 담대히 말할 수 있는 것은, 그 마음이 그리스도에 대한 믿음과 회개로 동시에 이끌리지 않고도 죄가 씻겨진 경우는 이 하늘 아래 없었고 지금도 없으며 장차도 없을 것이라는 사실이다. 죄를 미워하는 마음과 용서받았다는 느낌은 우리 영혼 속으로 함께 들어오고, 우리가 살아 있는 동안 함께 머문다. 이 두 가지는 함께 행동하며 반응한다. 용서받는 사람은 회개하고 회개하는 사람은 틀림없이 용서받는다. 첫째는 용서, 다음에 회개가 따른다는 사실을 기억하라. 하트(Hart)는 이렇게 노래했다.

> 율법과 공포는 우리의 마음을 움추리게 하고
> 언제나 율법이 있는 곳에 공포가 따르지만
> 피로 값주고 산 죄사함은
> 돌과 같은 마음을 곧 녹여 준다.

용서받았다고 확신할 때 우리는 죄악을 거부한다. 내가 생각하기에는, 믿음이 완전한 확신에 이르기까지 성장하여 예수의 피가 우리의 죄를 눈보다 희게 씻었다는 것을 확신하게 될 때 회개는 최고점에 이른다. 즉 회개는 믿음의 성장에 따라 함께 성장한다. 이것을 잘못 이해하지 말라. 회개라는 것은 하루나 일주일 동안에 일어나는 어떠한 일, 즉 가능한 한 빨리 해치워 버려야 하는 순간적인 회오의 감정 같은 것이 아니다! 회개는 믿음과 같이 일생 동안 주시는 은혜이다. 하나님의 어린 자녀들이 회개하고 젊은이들과 아버지들도 회개한다. 회개와 믿음은 분리할 수 없는 동반자이다. 우리가 보는 것으로가 아니라 믿음으로 걷는 동안 회개의 눈물이 믿음의 눈에서 영롱하게 빛난다. 예수 그리스도를 믿음으로 말미암지 않는 회개는 참된 회개가 아니다. 그리고 회개가 따르지 않는 믿음은 예수 그리스도를 향한 참믿음이 아니다.

믿음과 회개는 샴 쌍둥이와 같이 항상 함께 붙어 있다. 그리스도의 용서해 주시는 사랑을 얼마나 믿느냐에 따라서 우리는 그만큼 회개한다. 그리고 우리가 죄를 회개하고 악을 미워할수록 예수께서 주시기로 하신 완전한 용서를 체험하며 기뻐한다. 당신이 회개하지 않았다면 용서의 가치를 평가할 수 없다. 당신이 용서받았음을 알 때까지는 회개의 참맛을 느끼지 못할 것이다. 이상하게 들릴지 모르지만 사실이 그렇다. 회개의 쓴 맛과 용서의 단 맛은 모든 은혜로운 생활 가운데 뒤섞여 비교할 수 없는 행복감을 맛보게 한다.

이 두 가지 언약의 선물들은 상호간의 보증이 된다. 내가 회개했다는 사실을 알 때, 용서받았다는 사실도 함께 안다. 내가 이전의 죄악된 길에서 돌아섰다는 것을 알지 못할 때 용서받았다는 것을 어떻게 알 수 있겠는가? 신자가 되는 것은 회개하는 자가 되는 것이다. 믿음과 회개는 같은 바퀴에 있는 두 살과 같으며 쟁기의 두 손잡이와 같다. 회개는 죄 때문에 깨어지고, 죄에서 벗어나려는 마음 상태로 묘사할 수 있다. 또한 죄에서 돌아서는 것이라고도 할 수 있다. 그것은 가장 철저하고 근본적인 마음의 변화이며 과거에 대하여 슬퍼하고 미래에 고칠 것을 결심하는 것이다.

> 회개는 우리가 전에 사랑했던 죄를 떠나는 것이며
> 더 이상 그런 행동을 하지 않음으로써
> 우리가 진정으로 슬퍼하는 것을 보여주는 것이다.

당신이 그런 경우라면 용서받았음을 확신해도 좋다. 주님께서는 죄를 용서하시지 않고는 죄로 인해 슬퍼하고 죄에서 떠나고자 하는 마음을 주시지 않는다. 한편 우리가 예수님의 피를 통해서 받은 용서를 즐거워하며 믿음으로 의롭다 함을 받고 우리 주 예수 그리스도를 통하여 하나님과 화목하게 되었다면 우리의 회개와 믿음이 올바른 것임을 알 수 있다.

당신의 회개를 죄사함의 원인으로 생각하지 말고 결과로 생각하라. 당신이 우리 주 예수 그리스도의 은혜와 그분이 당신의 죄를 씻기 위한 준비가 되어 있으신 것을 보기까지는 회개할 수 있다고 기대하지 말라. 이 두 축복을 유지하고 상호 관련시켜서 보라. 그것들은 구원에 이르는 경험의 야긴과 보아스이다.

즉 그것들은 주의 성전 앞에 세워져 거룩한 장소로 들어가는 웅대한 입구를 이루었던 솔로몬의 두 큰 기둥들에 비유할 수 있다. 회개와 용서의 두 기둥 사이를 지나지 않고 하나님께 곧바로 갈 사람은 한 사람도 없다. 회개의 눈물 방울들에 완전한 용서의 빛이 비칠 때 당신의 마음에는 언약된 은혜의 무지개가 아름답게 나타난다. 죄에 대한 회개와 하나님의 용서에 대한 믿음은 회심이라는 천의 씨줄과 날줄이라 하겠다. 이런 증거로 말미암아 당신은 참이스라엘 사람을 알 수 있다.

성경으로 돌아가 보면, 용서와 회개가 같은 근원으로부터 흘러나오고 같은 구세주에 의해서 주어진다. 영광 가운데 계신 주님은 그 두 가지를 같은 사람들에게 주신다. 당신은 다른 어떤 곳에서도 회개나 용서를 찾을 수 없다. 예수님께서 항상 둘 다 준비하고 계시며, 지금이라도 그것들을 줄 준비가 되어 있으시다. 주님은 그에게서 받으려고 하는 모든 사람들에게 값없이 줄 준비가 되어 있으시다. 예수님께서 우리의 구원에 필요한 모든 것들을 주신다는 사실을 잊어서는 안 된다. 자비를 찾는 자들은 반드시 이것을 기억해야 한다. 믿음은 그 믿음이 의존하고 있는 구원자와 마찬가지로 하나님의 선물이다. 회개는 참으로 죄가 소멸되는 속죄를 이루는 은혜의 사역이다. 구원은 처음부터 끝까지 은혜로만 이루어지는 것이다.

당신이 나의 말을 오해하지 않기를 바란다. 회개하는 자는 성령이 아니다. 그분은 회개해야 할 어떤 일도 행하신 일이 없다. 우리는 스스로 자신의 죄를 회개해야 한다. 그렇지 않으면 우리는 구원받지 못한다. 회개하는 자는 주 예수 그리스도가 아니다. 그가 무슨 회개를 해야 하는가? 우리는 스스로 마음을 다하여 회개해야 한다. 의지, 감정, 사랑 등 모든 것이 진심으로 죄를 회개하는 복된 일에 함께 작용한다.

그러나 우리의 개인적 행동의 모든 배후에는, 마음을 녹이고 회개하는 마음을 주며 완전한 변화를 일으키는 거룩하고 은밀한 영향력이 있다. 하나님의 영이 우리로 하여금 죄가 무엇인지를 보게 하고, 우리의 눈에 그것이 지긋지긋한 것으로 보이게 한다. 또한 성령은 우리를 거룩한 것으로 향하게 하고 우리가 진심으로 거룩을 올바르게 인식하고 사랑하고 간구하게 한다. 또한 우리가 한단계 한단계 거쳐 성화에 이르도록 인도하는 자극을 준다. 하나님의 영은 우리가 하나님의 선하고 기쁘신 뜻에 따라 행하려 하고 또 그렇게 행하도록 우리 가운데 역사하신다. 그 선하신 성령께 즉시 복종하라. 그러면 그분의 은혜의 풍성함을 따라 회개와 용서라는 이중적인 축복을 우리에게 값없이 주실 예수님께 우리를 인도하실 것이다.

네가 은혜로 구원받느니라.

+14

회개는 어떻게 주어지는가

영광스런 본문 말씀으로 돌아가 보자.

"이스라엘로 회개케 하사 죄사함을 얻게 하시려고 그를 오른 손으로 높이사 임금과 구주를 삼으셨느니라."

우리 주 예수 그리스도께서는 은혜를 내려 주시기 위해 승천하셨다. 주님의 승천과 영광은 그의 은총이 좀더 널리 전파되는 데 사용되었다. 주님은 그를 믿는 죄인들을 함께 데리고 올라갈 계획도 없이 그냥 승천하신 것이 아니다. 그는 회개를 주시기 위해서 높아지셨다. 우리가 몇 가지 위대한 진리들을 기억한다면 이것을 알게 될 것이다.

우리 주 예수님이 이루신 사역은 회개를 가능케 하였고 유효하게 하였고 받아들여질 수 있게 하였다. 율법은 회개에 대해서 말하지 않는다. 다만 "범죄하는 그 영혼은 죽을지라"고 분명히 말한다. 주 예수님께서 죽으시고 다시 살아나셔서 아버지께로 가지 않으셨다면 우리의 회개가 무슨 가치가 있겠는가? 율법의 두려움으로 양심의 가책을 느낄지는 모르지만 소망을 가지고 회개할 수는 없을 것이다. 회개란 어떤 자연스러운 감정으로서 일반적인 의무이며 상받을 만한 것은 아니다. 회개는 형벌을 두려워하는 데서 생기는 마음으로 아무리 선의로 평가해도 대단한 것은 아니다. 예수님께서 중보하지 않으시고 거기에 공로를 부여하지 않으셨다면 우리의 회개의 눈물이란 땅에 엎지른 물에 불과할 것이다. 예수님께서 하늘에 올라가셔서 우리를 위하여 중보하심으로 말미암아 회개가 하나님 앞으로 올라갈 수 있게 되었다. 이렇게 볼 때 예수님께서 우리에게 회개를 주신다. 이는 예수께서 회개를 받을 만한 자리에 올리셨기 때문이다. 그렇지 않았더라면 회개는 하나님의 마음을 끌 수 없었을 것이다.

예수님께서 하늘로 올리워 가셨을 때 하나님의 성령이 우리들에게 부어져, 필요한 모든 은사들이 우리 안에 역사하게 되었다. 성령께서 초자연적으로 우리의 본성을 새롭게 하시고 돌과 같이 굳은 마음을 우리에게서 제거하심으로 회개를 일으키신다. 당신은 눈을 껌벅거리며 불가능한 눈물을 쏟으려고 그렇게 앉아만 있지 말라. 회개란 내기시 않는 본성으로부터 나오는 것이 아니라 값없고 수권적인 은혜로부터 나오는 것이다. 돌 같은 마음을 억지로 감동시켜 회개하려고 방 안에 들어가지 말라. 오직 갈보리 언덕으로 가서 예수님께서 어떻게 죽으셨는가를 바라보라. 그 언덕으로 올라가 보라. 거기로부터 도움이 올 것이다.

성령이 오신 목적은 사람들의 영을 보호하고 회개를 일으키기 위함이다. 당신은 이렇게 기도하라. "축복의 성령이여! 내 안에 거하소서. 나의 마음을 부드럽고 겸손하게 하사 나로 하여금 죄를 미워하고 거짓 없이 회개하게 하소서." 성령은 당신의 기도를 들으시고 응답하실 것이다.

또 기억해야 될 것은, 우리 주님이 올리워 가실 때 우리에게 성령을 보내심으로 회개를 주셨을 뿐만 아니라 우리 구원을 이루기 위하여 자연과 섭리의 모든 사역들을 거룩하게 함으로 우리에게 회개를 주셨다는 것이다. 따라서 베드로에게 닭 울음 소리나 빌립보 간수에게 지진이 그러했던 것처럼 자연이나 섭리의 사역이 우리에게 회개를 요구한다. 하나님의 능력의 손길을 통해 우리 주 예수님은 이 땅의 만물을 지배하시고 만물이 구속받은 자들의 구원을 위해서 함께 역사하도록 만드신다. 그는 단 것이든 쓴 것이든, 시련이든 기쁨이든, 모두 사용하여 죄인들이 하나님을 향하여 좀더 선한 마음을 갖도록 하신다.

때때로 당신을 빈곤하게도 하시고 병들게도 하시고 슬프게도 하시는 섭리에 감사하라. 이런 모든 것들을 통하여 예수님은 당신의 영혼에 생명을 주시고 당신을 주님께로 돌아오게 한다. 주님의 자비는 때로 불행의 검은 말을 타고 우리의 마음 문을 두드린다. 예수님은 우리를 땅으로부터 분리하여 하늘에 이르도록 하기 위해 우리의 모든 경험을 사용하신다. 그리스도는 모든 섭리의 과정을 통하여 굳은 마음을 녹여 회개케 하시기 위해 하늘과 땅의 보좌로 올리우셨다.

그뿐만 아니라 이 시간에도 그는 양심의 속삭임과 그의 영감으로 된 책과 그 책에 대해 말하는 사람들, 또한 기도하는 친구들과 정직한 마음을 통해 역사하신다. 주님은 당신의 마음을 모세의 지팡이와 같은 말씀으로 치셔서 회개의 시냇물이 흘러나오도록 하신다. 당신의 마음을 손쉽게 사로잡기 위하여 마음을 깨뜨리는 성경 본문을 보게 하기도 하신다. 주님은 참으로 신비스럽게 당신의 마음을 녹이신다. 영광으로 들어가 하나님의 모든 장엄한 능력으로 부활하신 주님은, 그가 용서하시고자 하는 자들에게 회개를 일으킬 풍부한 방법들을 가지고 계시다. 주님은 지금도 당신에게 회개를 주시기 위해 기다리고 계시다. 지금 즉시 주님께 구하자.

주 예수 그리스도께서 이 회개를 세상에서 가장 가망 없어 보이는 사람들에게 주신다는 것은 얼마나 큰 위로가 되는가? 예수 그리스도는 이스라엘 사람들에게 회개를 주시기 위해서 높아지셨다! 사도들이 그렇게 말했을 당시의 이스라엘 백성은 사랑과 빛 되신 주님께 가장 극심한 죄를 범한 민족으로서, 주님을 십자가에 못박고 "그 피를 우리와 우리 자손에게 돌릴지어다"라고 감히 말할 정도였다. 이들은 바로 예수님을 죽인 살인자들이었다. 그러나 주님은 그들에게 회개를 주기 위해서 올라가셨다! 이 얼마나 놀라운 은혜인가! 주의하여 들어 보라.

당신이 가장 빛나는 그리스도인들의 빛 가운데 자라왔고 그것을 거절했을지라도 아직 소망이 있다. 당신이 지금까지 양심과 성령과 예수님의 사랑에 대적하여 범죄하였을지라도 회개할 여지가 있다. 당신이 옛날 불신앙에 빠졌던 이스라엘 사람들처럼 완고할지라도, 예수님께서 올리우셔서 무한한 능력으로 옷 입게 되셨기 때문에 당신의 마음이 부드럽게 될 수 있다. 죄 가운데 가장 멀어졌던 사람들과 특별히 악한 죄를 범한 사람들을 위해서, 주 예수님께서는 그들에게 회개를 주고 죄를 용서해 주시려고 올리우셨다. 이 복음을 전하는 나는 얼마나 복된가! 또한 이 복음을 듣도록 허락받은 여러분은 얼마나 복된가!

이스라엘 자손들의 심령은 금강석같이 굳어 있었다. 루터는 유대인을 회개시키는 것은 불가능하다고 생각했었다. 우리는 그 생각에 동의하지는 않지만 이스라엘 자손들이 아주 강퍅해서 수십 세기 동안 구주를 거절해 왔다는 사실은 인정하지 않을 수 없다. 진실로 주님께서 "이스라엘이 나를 원치 아니하였도다"라고 말씀하셨다. "자기 땅에 오매 자기 백성이 영접지 아니하였으나"(요 1:11)라고 성경은 말한다. 그러나 주 예수님은 이스라엘 백성들에게 회개와 용서를 주시기 위해 승천하셨다. 이 책을 읽는 독자가 이방인인지도 모른다. 이방인도 마음이 완악하여 사실 오랫동안 우리 주님을 거역하였다. 그러나 주님은 그에게도 회개를 일으킬 수 있으시다. 윌리엄 혼(William Hone)이 하나님의 사랑에 굴복하게 되었을 때 글을 쓰지 않고는 견딜 수 없었던 것처럼 당신도 그럴 것이다. 그는 「매일의 묵상(Every-day book)」이라는 아주 재미있는 책의 저자이다. 그는 한때 아주 완고한 마음을 갖고 있었다. 그러나 하나님의 주권적 은혜에 압도당한 후에 다음과 같은 글을 썼다.

> 헐뜯던 교만한 마음
> 정복되었고
> 주님의 뜻 멸시하고 원수를 도와주던
> 이 거친 마음
> 오 주여, 주님에 의해 소멸됩니다.
> 나의 뜻이 아니라 주님의 뜻을 이루소서.
> 나의 마음은 주님의 것입니다.
> 능력의 말씀, 나의 구주 그리스도,
> 나의 하나님, 나의 주라고 고백할 때
> 주님의 십자가는 나의 표지가 될 것입니다.

 주님은 가장 가망이 없는 자에게도 회개를 주실 수 있다. 주님은 사자들을 어린 양으로 변화시키시고, 까마귀를 비둘기로 변화시키실 수 있다. 이런 위대한 변화가 우리 가운데 이루어지도록 주님께 간구하자. 무엇보다 그리스도의 죽음을 묵상하는 것이 회개를 얻는 가장 확실하고 빠른 방법 중 하나이다. 가만히 앉아 부패한 본성의 메마른 샘으로부터 회개를 끌어올리려고 하지 말라. 스스로 당신의 영혼을 그렇게 은혜로운 상태로 이끌 수 있다고 생각하는 것은 마음의 법칙에 반대되는 것이다. 당신의 마음을 아시는 그분께 기도로써 맡기라. 그리고 "주여, 내 마음을 정결하게 하시고 새롭게 하시고 회개의 역사를 일으키소서!"라고 기도하라. 당신이 스스로 참회의 감정을 일으키려고 하면 할수록 더욱더 낙심할 것이다. 그러나 당신을 위해 죽으신 그리스도를 믿는 마음으로 참회하고자 하면, 회개가 저절로 터져 나올 것이다.

당신을 사랑하여 가슴의 뜨거운 피를 흘리신 주님을 묵상하라. 눈앞에 그 고통과 피가 섞인 땀과 십자가와 그 고난을 그려 보라. 이렇게 할 때 이 모든 괴로움을 견디신 그분이 당신을 바라볼 것이며 베드로에게 행하셨던 일을 당신에게도 행하실 것이다. 그리고 당신 역시 나가서 비통의 눈물을 흘릴 것이다. 당신을 위해서 죽으셨던 그분이 그의 자비로운 성령으로 말미암아 당신을 죄에 대해서 죽게 만들 것이다. 그리고 당신을 위해 영광으로 들어가신 그분이 당신의 영혼을 그분께로 이끄실 것이며, 악에서 떠나 거룩을 향하도록 하실 것이다.

당신에게 이 한 가지 생각을 가지게 하는 것으로 나는 만족한다. 불을 발견하려면 얼음 밑을 바라보지 말라. 회개를 얻으려면 당신 본연의 마음에 소망을 두지 말라. 생명을 얻으려면 살아 계신 한 분만 바라보라. 천국 문과 지옥 문 사이에서 당신에게 필요한 모든 것을 얻으려면 예수를 바라보라. 예수님께서 주시기 원하시는 것을 결코 다른 곳에서 찾지 말라. 이것만 기억하라.

그리스도는 모든 것이다!

15

타락의 두려움

그리스도께 나오는 많은 사람들의 마음속에는 두려움이 도사리고 있다. 즉 그들은 끝까지 견디지 못할 것을 두려워하고 있다. 나는 한 구도자가 다음과 같이 말하는 것을 들었다.

"내 영혼을 예수께 맡긴다 해도 아마 결국에는 다시 멸망에 빠지고 말 것이다. 나는 조금 전까지도 선한 감정을 가졌다. 그러나 지금은 그런 감정들이 없어져 버렸다. 나의 선함은 아침 안개와 같고 새벽 이슬과 같다. 그것은 갑자기 나타나 한동안 계속되며 많은 것을 약속하였으나 결국 사라져 버렸다."

친애하는 독자여, 나는 이런 두려움이 종종 그것을 사실이 되게 한다고 믿는다. 항상, 그리고 영원히 예수를 신뢰하기를 두려워하는 이들이 실패하는 이유는 그들을 구원하기에 충분치 못한 일시적인 믿음을 가졌기 때문이다. 그들은 어느 정도 예수를 신뢰하기 시작했으나 하늘 나라를 향해 가는 길에서 계속 자신들만 바라보았다. 그들은 이렇게 출발부터 잘못되었으므로 얼마 안 있어 제자리로 돌아가 버린 것이다. 신앙을 지키기 위해 우리 스스로를 신뢰한다면 우리는 계속하여 신앙을 견지하지 못할 것이다. 우리가 구원 문제에 있어서는 예수를 신뢰할지라도 어떤 다른 문제에 있어서 자신을 신뢰한다면 우리는 실패할 것이다. 아무리 굵고 강한 쇠사슬도 고리가 한 개만 끊어지면 아무 쓸모가 없다. 마찬가지로 예수님이 모든 면에서 우리의 소망이 되신다 해도 단 한 가지 면에서 그렇지 못하다면, 우리는 그 한 가지 점에서 아무런 결실도 보지 못하여 결국 실패하고 말 것이다.

성도의 견인에 대한 한 가지 오해가 많은 사람들의 견인을 방해하였음은 의심의 여지가 없다. 그들로 하여금 신앙의 경주를 계속하지 못하도록 방해한 것은 무엇인가? 그들은 그 경주에 있어 자신을 신뢰하였다. 그래서 그들은 곧 멈추고 만 것이다. 건축에 사용하는 모르타르에 조금이라도 자신을 섞지 않도록 조심하라. 그렇지 않으면 모르타르가 제 기능을 발휘할 수 없게 되어 벽돌과 석재가 잘 붙지 않는다.

신앙의 첫 출발을 내딛을 때는 예수 그리스도를 바라보다가도 나중에 가서 자신을 의지하지 않도록 주의하라. 예수 그리스도는 알파이며 오메가이시다. 당신이 성령 안에서 시작하였다면 육신에 의해 완전케 되기를 기대하지 말아야 한다. 계속할 마음으로 시작하고, 시작했을 때와 같은 마음으로 계속하라. 그리고 주님이 당신의 모든 것이 되게 하라. 그러면 성령 하나님께서, 우리 주님의 재림의 날까지 우리를 보존시킬 능력이 어디로부터 오는지를 분명히 알게 해주실 것이다!

바울은 이런 주제에 관해서 고린도교회에 보내는 편지에서 단 한 번 말한 일이 있다.

"주께서 너희를 우리 주 예수 그리스도의 날에 책망할 것이 없는 자로 끝까지 견고케 하시리라 너희를 불러 그의 아들 예수 그리스도 우리 주로 더불어 교제케 하시는 하나님은 미쁘시도다"(고전 1:8-9).

이 말씀은 우리를 끝까지 보존하는 능력이 어떻게 공급되는가를 말함으로써 우리에게 그것이 필요함을 인정하고 있다. 주님께서 어디에 예비해 놓으시든지 간에 그것이 필요한 것만은 확실하다. 은혜의 언약에서 불필요한 것은 없기 때문이다. 솔로몬의 궁전에 걸려 있는 금으로 만든 방패는 실제로 무용지물이었지만, 하나님의 병기고에는 필요 없는 것이 없다. 하나님께서 준비해 주시는 것은 우리에게 꼭 필요한 것이다. 지금부터 모든 것이 성취될 때까지 하나님께서 약속하시고 예비해 놓으신 모든 것들이 다 필요하게 될 것이다.

믿는 사람에게 절실히 필요한 것은, 견고하게 보존되고 끝까지 인내하는 것이다. 이것은 신앙이 가장 앞선 신자들에게 필수적인 것이다. 그래서 바울은 "그리스도 예수 안에서 너희에게 주신 하나님의 은혜를 인하여 내가 너희를 위하여 항상 하나님께 감사하노라"(고전 1:4)고 말할 수 있었던 고린도 교인들에게 이 글을 쓴 것이다.

그런 사람들은, 계속 끝까지 견디어 마지막에는 정복자들이 되기 위해 그야말로 매일매일 새로운 은총이 필요함을 아주 절실하게 느끼는 사람들이다.

당신이 성도가 아니었다면, 은총을 받을 수 없었을 것이고 이 많은 은총의 필요성도 느끼지 못했을 것이다. 당신이 하나님의 사람이기 때문에 매일매일 영적 생활의 필요를 느끼는 것이다. 대리석으로 된 상은 음식을 요구하지 않는다. 그러나 살아 있는 사람은 배고프고 목마르며, 먹을 빵과 물이 있음으로 인해 즐거워한다. 그렇지 않다면 그는 분명히 쓰러질 것이다. 신자는 개인적인 필요가 있기 때문에 매일 모든 것을 공급해 주는 거대한 원천에서 그것을 끌어와야 한다. 하나님을 의지할 수 없다면 달리 어떻게 할 수 있겠는가?

이것은 많은 은사를 소유하고 있는 사람들에게도 해당되는 사실이다. 모든 구변과 지식에 풍족했던 고린도 성도들도 그러하였다. 그들은 끝까지 견고케 될 필요가 있었다. 그렇지 않으면 그들의 여러 은사와 능력은 결국 다 쓸데없는 것이 되어 버릴 것이다. 만약 천사의 방언을 한다 해도 새로운 은총을 받지 못한다면 우리는 어디로 갈 것인가? 우리가 교회 안에서 많은 경험을 쌓고 여러 신비를 이해하기 위해서 하나님에 관해 배운다 해도 언약의 머리 되신 분으로부터 흘러나오는 생명이 없다면 우리는 단 하루도 살 수 없을 것이다. 주님께서 우리를 붙들어 주시지 않는다면 일생은 고사하고 단 하루인들 지탱할 수 있겠는가? 우리 안에 착한 일을 시작하신 이가 그리스도의 날까지 그것을 반드시 이루셔야 한다. 그렇지 않으면 우리는 실패할 수밖에 없다.

이 위대한 필요성은 우리 자신으로부터 생겨나는 것이다. 어떤 사람들은 자신의 변덕을 잘 알므로 은혜 안에서 끝까지 견딜 수 없으리라는 고통스런 두려움에 사로잡혀 있다. 또 어떤 사람들은 기질적으로 불안정하다. 어떤 사람은 완고하지는 않아도 성격상 보수적이다. 그러나 날 때부터 변화가 많고 변덕스러운 사람도 있다. 마치 나비와 같이 이 꽃 저 꽃으로 날아다니며 온갖 아름다운 꽃에 다 날아가 보지만 아무 꽃에도 머물지 않는다. 그런 사람은 어떤 선을 행하기 위해 결코 한 곳에 오랫동안 머물지 않는다. 사업에서나 지적 추구에서도 그렇다. 그들은 한 종교를 10년, 20년, 30년, 40년, 50년 동안이나 계속 가진다는 것에 상당한 부담을 느끼며 두려워한다.

우리는 이 교회, 저 교회를 떠돌아다니다가 다시 원점으로 돌아오는 사람들을 본다. 그들은 차례 차례 모든 것을 해보지만 오래 지속하는 것은 없다. 그들은 남들보다 두 배로 확신을 위해 기도해야 하며, 견고하고 흔들리지 않기 위해서 기도해야 한다. 그렇지 않으면 항상 주의 일에 더욱 힘쓰는 자가 되지 못할 것이다.

우리 모두가 기질상 변덕의 유혹을 받지 않는다 해도, 하나님께 감동을 받으면 우리 자신의 연약함을 느낄 수밖에 없다. 친애하는 독자여! 단 하루 동안만이라도 죄를 발견치 못한 날이 있는가? 내가 믿는 대로 당신은 완전한 성결 가운데 걷기를 원한다고 하자. 또한 그리스도인은 마땅히 어떠해야 한다는 것에 대해 높은 기준을 세워 놓고 있다고 하자. 그러나 조반 식사가 끝나기도 전에 부끄러운 일을 행할 만큼 자신이 어리석다는 것을 당신은 알지 못하는가? 우리가 이 세상을 떠나 수도자들의 고립된 방에 은거하더라도 유혹은 따른다. 우리가 우리 자신으로부터 벗어날 수 없는 한, 범죄의 유혹으로부터 벗어날 길은 없다.

우리 마음 가운데는, 우리로 하여금 하나님 앞에서 조심스럽고 겸손하게 하는 것이 있다. 만일 하나님이 우리를 견고케 하시지 않으면 우리는 약하여 죄를 짓고 타락한다. 우리가 패배하는 것은 어떤 적에 의해서가 아니라, 우리 자신의 부주의로 말미암는 것이다. 그러므로 "주여, 우리의 힘이 되어 주시옵소서" 하고 우리는 기도해야 한다. 우리는 근본적으로 약하기 때문이다.

그 외에 오랜 삶에서 오는 피로가 있다. 그리스도인으로서의 삶을 시작할 때 우리는 피곤치 않고 독수리같이 날개를 치며 좀 더 멀리 날아오른다. 가장 좋고 진실한 날에는 쓰러지지 않고 걸어간다. 우리의 발걸음은 점점 느려지는 것 같지만 오랫동안 잘 견디어 낸다. 젊을 때의 힘이 단순히 육체의 자랑으로부터 나온 것이 아니고 성령의 힘인 이상 그것이 우리 가운데 지속되기를 하나님께 기도한다.

오랫동안 하늘 나라로 가는 도상에 있었던 사람은 왜 그의 구두가 철과 놋으로 될 것을 약속받았는지 그 이유를 알고 있다. 바로 길이 험하기 때문이다. 그는 고난의 고개와 겸손의 골짜기가 있음을 발견했다. 또 사망의 골짜기에 허영시도 있다. 이 모두를 통과하여야 한다. 환락산이 있는가 하면(이런 산이 있음을 하나님께 감사한다) 절망의 성도 있다. 많은 순례자들이 이 성 안을 들여다 본 일이 있다. 이 모든 것을 고려해 볼 때 거룩의 길을 끝까지 견디어 나가는 사람들은 세상이 감당키 어려운 놀라운 순례자들이다.

"오, 놀라운 세계라. 말로 다 할 수 없구나."

그리스도인의 하루 하루는 하나님의 미쁘심이라는 금실에 자비라는 고귀한 다이아몬드가 달려 있는 것과 같다. 우리는 하늘에서 천사들과 정사들과 권세자들에게, 우리가 땅에 있는 동안 즐기고 누리던 그 측량할 수 없는 그리스도의 부요함을 말할 것이다. 우리는 죽음을 한 치 앞에 두고 계속 살아왔다. 우리의 영적 생활이란 바다 한가운데서 타고 있는 불꽃과 같고, 공기 중에 머물러 있는 돌과도 같다. 우리가 우리 주 예수 그리스도의 날에 흠 없이 그 진주 문에 들어가는 것을 보면, 우주가 다 놀랄 것이다. 단 한 시간 동안 보존된다 하여도 우리에게 기쁨과 경이가 충만한 것이다. 우리가 지금 그러하다고 믿는다.

이것이 전부라면 걱정하고 근심할 충분한 이유가 될 것이다. 그러나 그보다 훨씬 더 많은 것이 있다. 우리는 지금 어디에 살고 있는가를 생각해야 한다. 세상은 하나님의 백성들에게 황량한 광야와 같다. 우리 중 일부는 하나님의 섭리 안에서 크게 만족하고 있으나 다른 사람들은 심한 싸움을 하고 있다.

우리는 기도로 하루를 시작한다. 그리고 자주 집안에서 울려 퍼지는 거룩한 찬송을 듣는다. 그러나 많은 선한 백성들이 아침에 기도하던 무릎을 일으키자 마자 욕설에 휩싸이게 되는 경우가 많다. 그들은 일하러 나가서도 온종일 소돔성의 의로운 롯과 같이 음탕한 대화 속에서 괴로워한다. 요즘 거리를 걷다 보면 차마 들을 수 없는 말들이 들리지 않는가? 세상은 은혜와 친구가 되지 못한다. 이 생에서 우리가 할 수 있는 최선의 일은 될 수 있는 한 빨리 이 세상을 지나가는 것이다. 왜냐하면 우리는 원수의 나라에 살고 있기 때문이다. 도둑이 숲마다 숨어 있다. 어디를 가든지 우리는 예리한 칼을 가지고 다녀야 한다. 최소한 우리는 오직 기도라는 무기를 지녀야 한다. 걸음 걸음마다 그들과 맞서 싸워야 하기 때문이다. "오, 하나님! 우리를 도우소서! 우리를 끝까지 견고케 하소서! 우리가 어찌할 수 있겠습니까?" 하고 기도하라.

참종교란 처음부터 초자연적이고 계속되는 동안도 초자연적이며 그 마지막도 초자연적이다. 그것은 처음부터 마지막까지 하나님의 사역이다. 계속해서 주의 손길이 임해야 할 필요가 있다. 바로 그런 필요성을 당신은 지금 느끼고 있다. 당신이 그것을 느끼게 될 것을 생각하니 기쁘다. 당신이 자신의 보존을 위해 오직 주님만을 바라볼 것이기 때문이다. 주님만이 우리를 타락에서 지키실 수 있고 그분의 아들과 함께 우리를 영화롭게 하실 수 있다.

+16 견고하게 하심

나는 바울이 모든 성도들을 위해 확신있게 기대했던 구원의 안정성을 여러분이 알기를 원한다. 바울은 이렇게 말한다. "주께서 너희를 우리 주 예수 그리스도의 날에 책망할 것이 없는 자로 끝까지 견고케 하시리라." 이 견고케 하심은 모든 것을 제쳐놓고 먼저 간구해야 할 은혜이다. 보다시피 본문 말씀은 사람이 의롭다고 가정하고 그들을 의로운 상태로 견고케 하신다고 한다. 죄와 허물의 길에서 사람들을 견고케 하신다면 그 얼마나 두려운 일인가! 술 주정뱅이가 계속 술을 마시도록, 도적이 계속 도적질하도록, 거짓말쟁이가 계속 거짓말하도록 한다고 생각해 보라. 어떤 사람이 불신앙과 불경건 가운데서 견고하게 된다면 그것은 참으로 한탄할 일이다.

하나님의 견고케 하심은 이미 그분의 은혜가 나타난 사람들만이 누릴 수 있다. 그것이 바로 성령의 사역이다. 믿음을 주신 그분이 믿음을 강하게 하기도 하시고 굳건히 세우기도 하신다. 우리 가운데 사랑의 불을 붙이신 그분이 그 사랑을 보존하시고 그 불길을 더하게 하신다. 성령께서 처음 가르치실 때 우리로 하여금 알도록 하신 것을, 더 많은 교훈을 주심으로 더 명료하고 확실하게 알도록 하신다. 거룩한 행위들은 견고하게 하여 우리의 습관이 되도록 하시며, 거룩한 감정들은 견고하게 하여 우리 안에 자리잡게 하신다. 경험과 실천을 통해 우리의 신앙과 결심은 견고하게 된다. 때맞은 비와 거친 바람으로 나무 뿌리가 굳게 내리듯이 우리의 기쁨이나 슬픔이, 우리의 성공이나 실패가 모두 같은 목적으로 성화된다. 정신이 교훈을 받아 지식이 자라남에 따라 선한 길을 걸어야 할 이유들을 알게 된다. 마음도 위로를 받아 위로를 주는 진리에 더욱 의지하게 된다. 지식이 견고해지고 걸음걸이가 확고해질수록 그리스도인은 더욱 견고하고 튼튼해진다.

이것은 단순한 자연적 성장이 아니라 회심과 같이 뚜렷한 성령의 역사다. 영생을 위해 자신에게 의지하는 사람들에게 주님은 분명히 신앙의 성장을 주신다. 성령은 내적 사역을 통해 불안정한 상태에서 우리를 구원하시고 우리가 굳게 뿌리를 박아 흔들리지 않게 하신다. 이것은 우리를 구원하시는 방법의 일부이다. 즉 우리를 그리스도 예수 안에 세워 그 안에 영원히 거하게 하신다. 사랑하는 독자여, 당신은 매일 이것을 구하기 바란다. 당신은 결코 실망하지 않을 것이다. 당신이 신뢰하고 있는 그분이, 시냇가에 심은 나무가 시들지 않는 것과 같이 당신을 시들지 않게 끝까지 보호하실 것이다.

한 사람의 그리스도인이라도 신앙이 견고하면 교회에 큰 힘이 된다. 그는 슬픔에 싸인 자에게 위로가 되며 연약한 사람에게 도움이 된다. 당신이 그런 사람이 되어 보지 않겠는가? 신앙이 견고한 신자들이야말로 우리 하나님의 집의 기둥들이다. 이런 사람들은 교리의 풍파에 흔들리지 않으며 유혹에 넘어가지 않는다. 이들은 신앙이 약한 사람들에게 큰 버팀목이 되며 교회가 환란에 싸일 때 닻과 같은 역할을 한다. 거룩한 생활을 막 시작한 당신이 그렇게 확고한 사람이 되리라고 쉽게 기대할 수는 없다. 그러나 두려워할 필요는 없다. 선하신 주님께서 그들 안에서 역사하신 것처럼 당신 안에서도 역사하실 것이다. 지금은 그리스도 안에서 갓난아기와 같을지라도 장차 교회 안에서 어른이 될 것이다. 이 큰 소망을 품으라. 그러나 그것은 은혜의 선물이지 행위의 대가가 아니요, 자신의 힘으로 되는 것도 아니다.

사도 바울은 성령의 감동으로 이 사람들이 끝까지 견고케 되리라고 말한다. 사도 바울은 하나님의 은총이 임하여 그들의 생의 마지막까지 또는 주 예수께서 오시는 그 날까지 그들을 지켜 보존하실 것을 기대하였다. 그는 실로 하나님의 전 교회가 그분의 섭리의 기한이 찰 때까지, 즉 신랑 되신 주 예수께서 온전케 된 신부와 혼인잔치하러 오실 그때까지 보존되기를 고대했다. 그리스도 안에 있는 모든 사람들은 그 마지막 날까지 그 안에서 견고케 될 것이다.

"이는 내가 살았고 너희도 살겠음이라"(요 14:19)고 예수께서 말씀하시지 않았는가? 또한 "내가 저희에게 영생을 주노니 영원히 멸망치 아니할 터이요 또 저희를 내 손에서 빼앗을 자가 없느니라"(요 10:28)고 말씀하셨다. 당신 안에서 선한 일을 시작하신 분이 그리스도의 날까지 확실히 이루실 것이다. 영혼 속에서 이루어지는 은혜의 사역은 어떤 외적인 개혁이 아니다. 중생할 때 이식된 생명은 살아 있고 썩지 않는 씨로부터 온 것이므로 영원히 지속된다. 그리고 신자들에 대한 하나님의 약속은 일시적인 성격을 띤 것이 아니라 그리스도께서 무한한 영광으로 오실 때까지 계속되는 영원한 것이다.

우리는 구원에 이르는 믿음을 통해 하나님의 능력으로 보존된다. 의인은 그 길을 독실히 행한다고 성경은 말한다. 믿는 자들이 그리스도 예수 안에서 보존되는 것은 우리 자신의 능력이나 힘으로 되는 것이 아니라 하나님의 값없이 주시는 사랑의 선물이다. 예수님은 그의 우리 안에 있는 양들 중 한 마리도 잃지 않으신다. 그리스도의 몸을 이루는 어떤 지체도 죽지 않는다. 보석 장신구를 만들 때까지 어느 하나의 보석도 잃어버리지 않으신다. 사랑하는 독자들이여! 믿음으로 받은 구원은 몇 개월 혹은 몇 년간 지속되는 것이 아니다. 왜냐하면 우리 주님이 우리를 위해서 영원한 구원을 이루셨으며, 영원한 것이란 끝이 있을 수 없기 때문이다.

바울 또한 고린도교회 성도들이 "책망할 것이 없는 자로 끝까지 견고케" 되기를 바란다고 말한다. 책망할 것이 없게 한다는 것은 우리를 지키시는 데 있어서 매우 중요한 부분이다. 거룩하게 보존한다는 것은 단순히 안전하게 보존한다는 것과는 질이 다르다. 당신도 알다시피 종교적인 사람들이 계속해서 잘못을 범하는 것은 무서운 일이다. 그들은 책망할 것이 없게 만드시는 주님의 능력을 믿지 않는다. 신앙을 고백하는 어떤 그리스도인들의 생활은 죄로 얼룩져 있으며, 그들은 완전히 쓰러지지는 않지만 제 발로 잘 걷지 못한다.

이런 것들은 신자들에게 어울리지 않는다. 신자는 하나님과 동행하도록 초대받는다. 그는 믿음으로 거룩하게 보존될 수 있으며, 또 마땅히 그래야 한다.

주님은 우리를 지옥에서 구원하실 뿐 아니라 타락에서도 보호하신다. 우리는 유혹에 굴복할 필요가 없다. "죄가 너희를 주관치 못하리니"(롬 6:14)라고 성경은 말하지 않는가? 주님은 성도들의 발걸음을 지키실 수 있다. 우리가 주님을 신뢰하면 주님께서 그렇게 해 주실 것이다. 우리는 옷을 더럽힐 필요가 없다. 그분의 은혜로 이 더러운 세상에서 우리의 옷을 티없이 지킬 수 있다. 또 우리는 그렇게 해야 한다. 아무도 거룩함 없이는 주님을 보지 못하기 때문이다. 바울 사도는 이런 신자들을 위해 예언하기를, 우리가 "우리 주 예수 그리스도의 날에 책망할 것이 없는 자로" 보존될 거라고 했다. 주님은 우리가 이 은혜를 구하기를 원하신다.

하나님께서는 마지막 심판 날에 우리가 모든 비난으로부터 자유할 수 있게 하셨고, 온 우주의 어떤 것도 주님에 의해 구속받은 우리에게 감히 도전할 수 없도록 하셨다. 우리가 탄식할 만한 죄와 약점들을 지니고 있다 해도 그것들이 우리가 그리스도 밖에 있다는 증거가 되지는 못한다. 물론 우리는 외식, 사기, 저주, 죄를 즐기는 것과 같은 죄악들에서 벗어나야 한다. 이런 죄악들은 중대한 비난거리가 되기 때문이다. 우리의 실패에도 불구하고 성령 하나님은 사람들 앞에서 우리가 흠 없는 성품을 지니도록 우리 안에서 역사하실 수 있다. 우리도 다니엘처럼 우리를 비난할 기회를 주지 말아야 한다.

수많은 그리스도인들이 누구도 반대할 수 없을 만큼 분명하고 철저하며 일관성 있는 삶을 보여 주었다. 사탄이 앞에 섰을 때 하나님께서 "네가 내 종 욥을 유의하여 보았느냐 그와 같이 순전하고 정직하여 하나님을 경외하며 악에서 떠난 자가 세상에 없느니라"(욥 1:8)고 말씀하셨던 것처럼 많은 신자들에 대해 그렇게 말씀하실 수 있을 것이다. 여러분이 목표로 하고 주님께 구하여야 할 것은 바로 이것이다. 살아 계신 하나님 앞에서 우리의 신실함을 유지하며 어린 양 되신 주님께서 어디로 가시든지 계속 따라가는 이것이 바로 성도의 승리이다. 우리는 결코 어그러진 길로 빠져 들어가지 말아야 하며, 원수들에게 비방거리를 주어서는 안 된다. 그러므로 성경은 참된 신자들에 대해 이렇게 말하고 있다.

"하나님께로서 나신 자가 저를 지키시매 악한 자가 저를 만지지도 못하느니라"(요일 5:18).

이 말씀이 우리 모두에게 해당되는 말씀이 되기를 기도한다!

거룩한 생활을 막 시작하는 친구여, 주께서 당신에게 흠 없는 인격을 주실 수 있다. 과거의 생활이 아무리 깊은 죄악에 물들었을지라도 주께서는 당신을 이전의 습관에서 벗어나게 하실 수 있고 모범적인 사람으로 만드실 수 있다. 또한 당신을 도덕적인 사람으로 만드실 수 있을 뿐 아니라 당신을 변화시켜 어그러진 길을 싫어하게 하며 거룩한 길을 따라가게 하실 수 있다. 그 점을 의심치 말라. 죄인 중의 괴수도 가장 순결한 성도가 될 수 있다. 이 사실을 믿으

라. 그러면 믿음대로 이 일이 당신에게 이루어질 것이다.

심판 날에 흠 없는 모습으로 나타난다는 것은 얼마나 복 되고 기쁜 일인가! 우리는 다음과 같이 기쁨으로 노래하자.

> 그 마지막 날
> 아무도 나를 죄 있다 못하리니
> 나 그 날 담대히 설 수 있나이다.
> 주님의 피로
> 죄의 무서운 저주와 부끄러움에서
> 나 깨끗이 씻음받지 않았나이까?

만유의 심판자 앞에서 천지가 떠나가는 날, 이렇게 용감히 노래 부를 수 있음은 얼마나 복된 일인가! 예수 그리스도 안에 있는 하나님의 은혜를 바라보며, 그 거룩한 능력으로 죄악과의 전쟁을 계속하는 사람은 누구나 이 축복을 누릴 수 있다.

+17

성도의 견인의 근거

사도 바울의 마음에 가득했던 고린도교회 성도들을 향한 소망은 미래에 대해 불안해 하였던 저들에게 큰 위로가 되었다. 바울이 고린도교회 형제들이 끝까지 견고케 되리라고 확신한 근거는 무엇인가?

바울이 내세우는 이유를 주의하여 보기 바란다. 그것은 바로 고린도전서 1:9 말씀에 나타난다.

"너희를 불러 그의 아들 예수 그리스도 우리 주로 더불어 교제케 하시는 하나님은 미쁘시도다."

여기에서 사도 바울은 "당신이 미쁘다"고 말하지 않는다. 그렇다. 인간의 신실함이란 전혀 믿을 수 없는 것이다. 그것은 덧없는 것이다. 그는 또한 "여러분을 지도하고 인도할 교역자들이 신실하므로 여러분이 안전하리라고 믿는다"고 말하지도 않는다. 진실로 그렇다. 우리가 사람에 의해서 지켜진다면 결코 안전하지 않다. 사도 바울은 분명히 "하나님은 미쁘시도다"라고 말한다. 우리가 신실하다면 그것은 하나님께서 신실하시기 때문일 것이다. 우리 구원의 모든 문제는 하나님의 신실성에 의존해야만 한다. 구원은 하나님의 이 영광스런 속성에 달려 있다. 우리 인간은 바람과 같이 변하기 쉽고 거미줄같이 약하며 물과 같이 힘이 없다. 우리의 본성과 영적 능력에 의지해서는 안 되며 반드시 하나님의 신실성을 의지해야 한다.

하나님은 사랑에 있어서 신실하시다. 그분은 변함도 없으시고 회전하는 그림자도 없으시다. 하나님은 목적에 있어서도 신실하시다. 어떤 일을 일단 시작하시면 그 일을 미완성인 채로 두시는 일이 없다. 하나님은 관계에 있어서 신실하시다. 하나님은 아버지로서 그분의 자녀들을 버리지 않으시고, 친구로서 그분의 백성을 모른다 하지 않으시며, 창조자로서 자신의 창조물을 저버리지 않으신다. 하나님은 약속에 있어서도 신실하셔서 단 한 사람의 성도와도 약속을 파기하시는 일이 없으시다. 하나님은 예수 그리스도 안에서 우리와 맺은, 희생의 보혈로 인준한 언약에 있어서도 신실하시다. 하나님은 독생자에게 신실하시다. 그래서 그가 흘리신 보혈을 결코 헛되게 하지 않으신다. 하나님은 영생을 약속하신 그분의 자녀들에게도 신실하셔서 결코 그들로부터 돌아서지 않으신다.

하나님의 이 신실하심이야말로 우리의 궁극적 구원과 견인의 기초석이 된다. 하나님께서 은혜 가운데 우리를 보존하시므로 성도들은 끝까지 거룩할 수 있다. 하나님께서 끝까지 축복하시므로 우리는 축복 가운데 계속 거할 수 있다. 하나님께서 그분의 백성을 계속 지키시므로 백성들은 계명을 지킬 수 있는 것이다. 이 점이 우리가 의지할 수 있는 견고한 기초이며, 기쁘게도 이 책의 제목과도 일치한다. 이 값없는 사랑과 무한한 자비의 종소리는 구원이 시작될 때 울릴 뿐 아니라 모든 은혜의 날에 아름답게 울릴 것이다.

당신도 알다시피 우리가 끝까지 견고케 되며 마지막 날에 책망할 것이 없는 자로 나타나리라는 소망을 가질 수 있는 이유는 하나님에게서만 찾을 수 있다. 하나님 안에 있는 그 이유들은 넘치도록 풍성하다.

먼저 그 이유를 하나님이 하신 일에서 찾을 수 있다. 우리를 지금까지 이렇게 극진하게 축복하신 것을 볼 때 그분이 우리를 버리신다는 것은 있을 수 없는 일이다. 바울은 하나님이 "우리를 불러 그의 아들 예수 그리스도로 더불어 교제케 하신다"(고전 1:9 참조)고 말한다. 하나님께서 우리를 부르셨는가? 그렇다면 그 부르심은 번복될 리 없다. 왜냐하면 "하나님의 은사와 부르심에는 후회하심이 없느니라"(롬 11:29)고 성경이 말하고 있기 때문이다. 주께서 그 은혜의 부르심에서 돌아서실 리가 없다. 하나님께서는 "부르신 그들을 의롭다 하시고 의롭다 하신 그들을 또한 영화롭게 하신다." 하나님의 이 구원의 과정은 변하지 않는 법칙이다.

"부름받은 사람은 많으나 선택받은 사람은 적다"는 말씀에서 말하는 일반적인 부름도 있다. 그러나 우리가 지금 생각하고 있는 부름은 이런 것이 아니라 특별한 사랑을 보여 주는 부름이며 끝내 하나님의 소유가 되게 하는 그런 부름이다. 이 경우 부름받은 사람은 다 아브라함의 자손으로서, 이들에 대해 하나님께서는 "내가 땅 끝에서부터 너를 붙들며 땅 모퉁이에서부터 너를 부르고 네게 이르기를 너는 나의 종이라 내가 너를 택하고 싫어 버리지 아니하였다 하였노라"(사 41:9)고 말씀하셨다.

하나님께서 하신 일을 통해, 우리가 끝까지 보존되어 장차 영광에 이르는 분명한 이유를 알 수 있는데, 이는 하나님께서 우리를 부르셔서 그분의 아들 예수 그리스도와 더불어 교제케 하셨기 때문이다. 이 말씀은 예수 그리스도와 우리가 동역자가 된다는 말이다. 이 말씀의 의미를 주의 깊게 생각해 보기 바란다.

당신이 진실로 하나님의 은혜로 부르심을 받았다면, 당신은 주 예수 그리스도와 교제케 되었으므로 모든 것에 대해서 그리스도와 공동 소유주가 되었다. 따라서 당신은 지존자의 눈 앞에서 그와 연합한 것이다. 주 예수님은 자신의 몸에 당신의 죄를 짊어지시고 십자가에서 당신을 대신하여 저주를 받으셨다. 동시에 주 예수님은 당신의 의가 되셨다. 그러므로 당신은 그 안에서 의롭게 되었다.

이제 당신은 그리스도의 것이며 그리스도는 당신의 것이다. 아담이 그의 후손들을 대표했던 것처럼 예수님은 그 안에 있는 모든 사람들을 대표하신다. 남편과 아내가 하나인 것처럼 예수님은 믿음으로 자신과 연합된 모든 자들과 하나이다. 결코 나눌 수 없는 부부의 결합으로 하나가 되었다. 또한 신자들은 그리스도의 몸의 지체들이며, 살아 있고 영속적인 사랑의 연합에 의하여 그와 하나가 된다. 하나님은 우리를 부르셔서 이렇게 하나가 되게 하고 그와 교제케 하고 그의 동역자가 되게 하셨다. 바로 이런 사실을 통해 하나님은 우리에게 끝까지 견고케 되리라는 증거와 보증을 보여 주셨다.

우리가 그리스도와 분리된 자들로 간주된다면 우리는 없어질 불쌍한 존재들이며 곧 멸망하여 사라져 버릴 것이다. 그러나 그리스도와 하나가 됨으로 우리는 그의 본성에 참여하는 자가 되었고 불멸의 생명을 부여받게 되었다. 이와 같이 우리의 운명은 우리 주님의 운명과 연결되어 있으므로 주님께서 멸망하시지 않는 한 우리가 멸망한다는 것은 절대로 불가능하다.

하나님의 아들 예수 그리스도와 동역자 된 것을 마음 깊이 새기라. 이를 위해 당신이 부름받았다. 당신의 모든 소망은 거기에 있다. 당신이 예수님과 일체가 되었으므로 예수께서 부유한 이상 당신은 절대 가난하지 않다. 또한 궁핍이 결코 당신을 괴롭힐 수 없음은, 천지의 주인이신 주님과 함께 당신도 공동 주인이기 때문이다. 당신은 결코 실패할 수 없다.

예를 들어, 어느 동업회사가 있는데 그 동업자 중 한 사람이 너무 가난해져서 파산지경에 이르러 한푼의 빚도 갚을 수 없게 되었다고 하자. 그런데 다른 한 동업자가 큰 부자이며 마음씨까지 좋다면 아무리 불경기가 오고 시대가 바뀐다 해도 모든 난관을 극복할 수 있을 것이다. 하나님께서는 당신을 불러 그분의 아들 예수 그리스도와 교제케 하셨다. 또 이렇게 하심으로써 당신을 절대 신뢰할 수 있는 안전 지대로 들어오게 하셨다.

당신이 참신자라면, 당신은 예수님과 하나이며 지극히 안전하다.

당연히 그렇게 될 수밖에 없다고 생각지 않는가? 하나님의 돌이킬 수 없는 역사로 인해 당신이 그리스도와 하나가 되었다면, 당신은 그가 나타나시는 날까지 틀림없이 견고케 될 것이다. 그리스도와 그를 믿는 죄인은 한 배에 타고 있다. 예수께서 가라앉지 않으시면 신자들도 물에 빠질 리 없다. 예수께서 구속자들과 이런 관계를 친히 맺으셨으므로 그들이 상처입기 전에 먼저 매맞으시고 수치를 당하시고 죽으신 것이다.

주님은 우리의 머리이시다. 그의 이름이 치욕을 당하지 않는 한 우리는 온갖 실패에 대한 두려움을 가질 필요가 없다.

우리는 영원히 예수 그리스도와 연결되어 있으므로, 안심하고 미지의 미래를 향하여 용기 있게 전진하자. 이 세상 사람들이 "그 사랑하는 자를 의지하고 거친 들에서 올라오는 여자가 누구인고"(아 8:5) 하면 우리는 예수를 의지한다고 기쁨으로 고백할 것이다.

그를 더욱더 의지하자. 우리의 신실하신 하나님은 기쁨이 넘치는 샘이요, 하나님의 아들과의 교제는 기쁨 충만한 강물이다. 이 영광스러운 사실들을 알 때 우리는 용기를 잃을 수 없다. 우리 함께 큰 소리로 외치자.

"누가 우리 주 예수 그리스도 안에 있는 하나님의 사랑에서 우리를 끊으리요?"

맺음말

이 책을 한 장 한 장 읽는 동안 내 말을 이해하지 못했다면, 진심으로 사과한다.

책을 읽는 것은 마음속에 스치는 진리들이 이해되고 완전히 소화되어 실제적인 문제에 적용되기 전까지는 별로 가치가 없다. 그것은 마치 어떤 상점에 있는 음식을 보기만 하고 먹지 못하며 배고픈 채로 있는 것과 같다. 당신이 나의 주 예수 그리스도를 실제로 의지하지 않는다면 당신과 내가 만난 것은 아주 허망한 일이다. 나는 당신에게 유익을 주고 싶었다. 그리고 그것을 위해서 최선을 다했다. 내가 당신에게 유익을 주지 못했다면 참으로 마음 아픈 일이다. 왜냐하면 나는 당신이 그런 특권을 갖게 되기를 열망했기 때문이다.

나는 이 책을 쓰면서 독자들을 생각했다. 그래서 잠시 펜을 놓고 이 책을 읽을 모든 사람들을 위해 기도하려고 엄숙히 무릎을 꿇었다. 비록 당신이 그 중의 한 사람이 되기를 거절할지라도 많은 사람들이 축복을 받으리라고 확신한다. 그러나 당신이 거절할 이유가 있는가? 내가 주고자 했던 그 귀한 축복을 당신이 원하지 않는다면, 당신의 마지막 심판에 대한 책임이 적어도 나에게 있지 않음을 분명히 시인할 수밖에 없을 것이다. 우리 두 사람이 하나님의 보좌 앞에서 만날 때, 당신은 이 조그만 책을 읽는 동안 충분히 주의를 기울였으나 아무 유익이 없었노라고 나를 비판할 수 없을 것이다. 하나님은 내가 당신의 영원한 유익을 위해 한 줄 한 줄 이 책을 썼음을 아신다.

지금 나는 마음속으로 당신의 손을 굳게 잡고 있다. 당신은 나의 사랑의 손길을 느끼지 못하는가? 나는 지금 눈물을 흘리며 당신에게 간곡히 말하고 있다. "왜 죽으려 하는가?" 당신은 영혼에 대하여 생각해 보지 않겠는가? 당신은 영혼에 대하여 아무 주의도 기울이지 않고 멸망하려는가? 오, 제발 그러지 말라. 이 문제는 중요하다. 영원을 위해 일하라. 예수님을 거절하지 말라. 그의 사랑, 그의 피, 그의 구원을 거절하지 말라. 당신이 꼭 그렇게 해야 할 이유가 어디에 있는가?

간절히 권하노니
당신의 구속주로부터 피하지 말라.

한편 당신이 나의 기도를 듣고 주 예수를 신뢰하게 되고 그로부터 은혜로 구원을 받았다면 당신은 계속해서 이 교리를 굳게 붙들고 이 길을 걸으라. 예수님을 모든 것 중의 모든 것이 되게 하고, 값없이 주시는 은혜가 생활의 기준이 되도록 하라. 하나님의 사랑 안에 사는 삶과 같은 삶은 없다. 모든 것을 값없는 선물로 받아들이는 것이 스스로 의롭다 하는 자만과 스스로 자책하는 절망으로부터 우리의 마음을 지켜 준다. 그럴 때 마음은 은혜로운 사랑으로 점점 더 훈훈해지며, 종의 두려워하는 마음보다 훨씬 더 하나님께서 받으실 만한 감정이 영혼 안에 일어난다. 스스로 최선을 다함으로써 구원받고자 소망하는 자들은 점점 더해 가는 사랑과 거룩한 열정과 하나님 안에 있는 벅찬 기쁨에 대해 알지 못한다.

이것들은 모두 하나님의 은혜로 값없이 주어지는 구원과 더불어 오는 것이다. 스스로를 구원하고자 하는 종의 영은 양자의 기쁜 영과는 상대가 되지 못한다. 종의 온갖 노력이나 반복되는 종교 의식을 통하여 하늘로 올라가고자 하는 신자들의 기계적인 노력보다 조그만 신앙의 감정 안에 훨씬 더 많은 실질적인 덕이 있다.

신앙은 영적인 것이다. 그래서 영이신 하나님은 신앙을 기뻐하신다. 여러 해 동안 기도 생활하는 것, 교회에 다니는 것, 예배에 참석하는 것, 그 외의 여러 의식과 공로들은 영이신 여호와의 눈에는 가증스러운 것일 수도 있다. 그러나 참신앙의 눈으로 보는 것은 영적이므로 하나님께서 기뻐하신다. "아버지께서는 이렇게 자기에게 예배하는 자들을 찾으시느니라." 당신은 먼저 속사람을 보고 종교의 영적인 면을 주의하여 보라. 그러면 그 나머지는 순서대로 잘 따라올 것이다.

당신이 구원받았다면 다른 영혼들에게 관심을 기울이라. 당신 동료들에게 축복을 전해 주는 것에 대한 지대한 관심이 없는 한 당신 마음은 부유하지 못할 것이다. 당신의 영혼의 생명은 신앙에 있으며 영혼의 건강은 사랑에 있다. 다른 사람을 예수께 인도하기를 사모하지 않는 사람은 그 사랑 아래 있을 수 없다. 주님의 사역인 사랑의 사역을 시작하라. 가정에서 시작하라. 이웃을 방문하라. 당신이 살고 있는 마을이나 거리를 밝히라. 당신의 손이 미치는 곳은 어떤 곳이든지 주님의 말씀을 심으라.

먼저 회심한 사람들이 다른 사람을 전도하기 위하여 나의 이 조그만 책을 사용하게 될지 누가 알겠는가? 이 책을 사용하셔서 회심하게 하실 하나님, 또한 이 책을 통해 회심한 사람들을 사용하셔서 또 다른 사람들을 예수님에게 인도하실 하나님을 이미 찬양하기 시작했다. 어쩌면 이 책을 쓰고 있는 나의 손이 죽음으로 마비된 이후 더 큰 결과가 일어날지도 모른다.

독자여, 하늘 나라에서 만나자! 지옥으로 내려가지 말라. 그곳에 들어가면 다시 나올 길이 없다. 하늘 문이 당신 앞에 열려 있는데 죽음의 길을 걷기를 바라는 이유가 무엇인가? 예수님께서 자신을 신뢰하는 모든 사람들에게 주시는 값없는 용서와 완전한 구원을 거절하지 말라. 주저하거나 내일로 미루지 말라. 당신은 충분히 결심

했으니 즉시 행동으로 옮기라. 지금 당장 결단하고 예수를 믿으라. 말씀을 받아들이고 오늘이라도 주께 나오라. 바로 지금 나오라. 지금이 아니면 결코 기회가 없을지도 모른다.

   지금 영접하라. 두 번 다시 기회가 없다면 얼마나 무서운 일인가? 다시 한번 당신에게 권한다.

하늘 나라에서 만나자!

사명선언문

너희가 흠이 없고 순전하여……세상에서 그들 가운데 빛들로
나타내며 생명의 말씀을 밝혀 _ 빌 2:15–16

1. 생명을 담겠습니다
만드는 책에 주님 주신 생명을 담겠습니다.
그 책으로 복음을 선포하겠습니다.

2. 말씀을 밝히겠습니다
생명의 근본은 말씀입니다.
말씀을 밝혀 성도와 교회의 성장을 돕겠습니다.

3. 빛이 되겠습니다
시대와 영혼의 어두움을 밝혀 주님 앞으로 이끄는
빛이 되는 책을 만들겠습니다.

4. 순전히 행하겠습니다
책을 만들고 전하는 일과 경영하는 일에 부끄러움이 없는
정직함으로 행하겠습니다.

5. 끝까지 전파하겠습니다
모든 사람에게, 땅 끝까지, 주님 오시는 그날까지
복음을 전하는 사명을 다하겠습니다.

서점 안내

광화문점　서울시 종로구 새문안로 69 구세군회관 1층
　　　　　　02)737-2288 / 02)737-4623(F)

강남점　　서울시 서초구 신반포로 177 반포쇼핑타운 3동 2층
　　　　　　02)595-1211 / 02)595-3549(F)

구로점　　서울시 동작구 시흥대로 602, 3층 302호
　　　　　　02)858-8744 / 02)838-0653(F)

노원점　　서울시 노원구 동일로 1366 삼봉빌딩 지하 1층
　　　　　　02)938-7979 / 02)3391-6169(F)

일산점　　경기도 고양시 일산서구 중앙로 1391 레이크타운 지하 1층
　　　　　　031)916-8787 / 031)916-8788(F)

의정부점　경기도 의정부시 청사로47번길 12 성산타워 3층
　　　　　　031)845-0600 / 031)852-6930(F)

인터넷서점　www.lifebook.co.kr